超速
つぶやき英語トレーニング

登内和夫＋ヴィンセント・マークス

SOGO HOREI Publishing Co., Ltd

◆推薦のことば◆

七田眞（教育学博士）

「つぶやき方式」は最も効果的な英語学習法だ。

　本書は、ベストセラー『超右脳つぶやき英語トレーニング』の姉妹編として作られました。数多く出版されている英語学習書の中で、5年経った現在でも前著が売れ続けているのには、やはり訳があると私は思います。それは「つぶやき方式」という、日常の生活英語をモデルに倣って学び、勉強ではなく、体験として英語を学ぶところにあり、その方法が多くの読者の共感を得た結果だと思います。
　この方法は赤ちゃんが母国語を周囲の人から自然に学び、獲得していく模倣方式で、言い換えれば、論理的に文法や意味を学ぶ左脳的学習法ではなく、体感として学ぶ右脳的学習法です。

　左脳的学習法は文法的に、訳読を中心に英語を学びます。これは受験中心の学習法です。
　左脳的学習法では英語を1年で話せるようになることを目標にしていないので、この方式の学習者が英語を話せるようになることはまず望めません。
　一方、赤ちゃんが生まれて後、周囲の人が言葉を話すのを聞きながら、それを模倣して自然に母国語を身につけているのは右脳学習方式です。この方法なら誰でも1年以内に、一国語を話す力を身につけてしまいます。

　そこで模倣学習法を採用した「つぶやき英語学習法」のこの本で学べば、1年で英語が話せるようになることを保証してもよいと思います。

と言っても次の2つの条件つきです。

①毎朝、必ず1シーンを暗唱し、つぶやく。（1シーンの暗唱に1週間）
②各シーンを完全に暗唱して、どのシーンでも完全にモデルの通り、つぶやけるようにする。

　もし、この2つの条件を完全に満たしてくだされば、その人はきっと1年で英語が話せるようになっているのを見出されるでしょう。

　私がこのように言えるのは、実は理由があります。私自身18歳の頃、このつぶやき英語方式で英語を話す能力を育て、今でも海外に出かけ、右脳教育について講演やセミナーを、通訳なしで自由にやっているからです。

　私がその方式を学んだのもモデルがあります。私が北京にいて、中学3年生だった頃、日本の八幡中学校から転校してきた一人の転入生がいました。その彼がなんと1年間で中国語を自由に話せるようになった姿を見たのです。
　これは私にとっては大変ショックな体験でした。なぜなら、私はその頃すでに7年も北京にいて、学校では中国語を学んでいたにもかかわらず、少しも中国語が話せないという状況にあったからです。
　私は彼にどうしたらそのように1年で外国語が話せるようになるのか、その秘密を聞いてみました。すると彼は「1冊の中国語会話の本を、中国人に発音してもらって、そのとおりを暗唱し、つぶやいて身につけていき、1冊をまるまる完全に暗唱できるようにした」と言ったのです。

　これは非常に痛烈な印象として、私の心に焼きつきました。その体験が元になって、私がその後英語の勉強を始め、そのつぶやき方式で、英

語を1年で話せるようになる体験を自分自身ですることができたのです。

　この本は30シーンから成っています。1週間で1シーンずつ、完全に暗唱し、モデルの通りにつぶやけるようにしていけば、約7ヶ月で30シーンの英語を身に刻み込むことが可能です。その後、関連表現や練習問題を含めて、5ヶ月でさらにその精度を高めれば、1年間でかなりの量の英語を習得したことになります。
　それだけの場面の英語が身に刻み込まれてしまうと、後は右脳が自由に英語を操る力を発揮してくれるでしょう。右脳にはそうして潜在意識に情報を取り込めば、後はその情報を無意識が自由に加工・編集して言葉を喋る機能が働いていますから。

　右脳は潜在意識脳です。CDを繰り返し聴いていると、自然に右脳で聴いていることがそのまま入力されます。すると、やがて自然に聴いたとおりが出力されるようになります。それだけではなく、右脳は新しい場面に必要な表現を自由に加工・編集する能力があるのです。
　左脳にはそのような力がなく、学んだことを自分の意識で、文法的に組み立て、話そうとするので、英語らしからぬ変な英語が口から出てきます。それは話そうとする言葉が、左脳から出力されるからです。
　英語はやはり、右脳学習法で学びましょう。

　さて、その具体的な右脳学習法ですが、この本の付属CDには高速視聴読用の文章が2倍速・3倍速で収録されています。各シーンに書かれている文字列を、覚えようとしないでただひたすら活字を追いながらCDを繰り返し聴きましょう。できればヘッドフォーンで聴いてください。2倍速・3倍速をそうして聴きながら、口に出して言えることは口に出して、自分の声を聴きます。

そうして聴いていると不思議なことが起こります。その速いスピードで聴いていると、耳がすっかり改造されて、聴く力が急速に変わってしまうのです。
　日本人は聴く力が弱いので、英語が聴き取れない。だから話せないと言われますが、その問題が高速視聴読をすることでクリアされます。
　速いスピードで聴いていると、耳がすっかり改造されて、聴く力が急速に変わってしまうのです。
　おまけに記憶の質も変わってしまいます。高速視聴読をしていると左脳は休みます。そして右脳が活性化され、右脳へ入力される右脳の記憶が働き、右脳の高速記憶能力が目覚めます。そうして覚えようとしないのに、頭が勝手に覚えてしまうという右脳の記憶が働き始めるのです。

　著者の登内さんも別な本『スピード英語学習法』（総合法令出版　通勤大学文庫）の中で、4倍速CDを毎日高速視聴読した結果、それまでは少し速くなると、話が右の耳から入って左の耳から抜けていくような感じで、言葉を捕まえることができなかったのが、左の耳からいったん抜けていっても、耳の中から手が出て来て、その抜け出た言葉をむんずと捕まえて戻すといった感じになった。こうなると聴き取れる量が増えてリスニングが容易になった、と書いておられます。
　これこそ右脳学習です。

最後のアドバイス
　右脳でこのつぶやく英語を身につけていくには、もう一つ大切なアドバイスがあります。それは著者の言うとおり各シーンをまず最初にイメージして聴くことを忘れないようにすることです。話すときは登場人物になりきったイメージをして、つぶやくようにしましょう。

　後は実行あるのみです。この本をまるまる1冊暗記してしまうなんて、

途方もない仕事と思うかもしれません。

でも、毎朝1日10分費やすだけで、この目標は達せられます。

全部で30シーンですが、1シーンを1週間かければよいのです。

最初は大変ですが、毎日やっていると聴覚が変わり、記憶力も変わりますから、後は加速がついてきます。1シーン覚えるのに1週間もいらなくなるでしょう。

あなたがこの本を1冊まるまる暗唱できるようになったときには、あなたは自分の頭の質がまったく変わってしまったことに気づかれるでしょう。

皆様の成功を祈ります。

◆ **はじめに** ◆

　ありがたいことに拙著『超右脳つぶやき英語トレーニング』は15万部を超えて、出版から5年たった現在でも増刷を重ねております。このたび、ご要望が多かった点を取り入れて、新たに姉妹編として作ったのが、本書『超速つぶやき英語トレーニング』です。
　前作と大きく変わったのは、次のような点です。まず前作ではCDの音声収録容量の関係で、すべてのシーンの2倍速・3倍速の音声を入れることができませんでした。そこで本書では全シーンの2倍速・3倍速の音声を収録しました。そのため、シーン数は50から30に減りましたが、その代わりに、読者のみなさんがイラストを見ながら独自につぶやける練習ページを増やしています。
　また、前作では「ネイティブが話すナチュラルな英語」ということに重点を置きましたが、今回は、日本人の英語学習者が実際の生活シーンで楽しくつぶやけるような表現をより多く盛り込むことを心がけました。もちろん、英語自体のナチュラルさは変わりません。

● **本書のねらい**

　前作のまえがきにも書きましたが、英語とは1つの巨大な宇宙であり、1冊の本でその習得が可能になるなどということは当然ありません。しかし、著者としては、自分の経験に基づいて最も有効であろうと思われる方法を示すことで、読者のみなさんが英語を習得する手助けをしたいと考えています。したがって、本書も英語習得に関する私自身の考え方に基づいて書かれています。読者のみなさんが本書を使って実際に学習し始める前に、まずはその考え方について説明し、本書の作成意図をご理解いただいた上で、本書を有効活用していただければと思います。
　私の英語習得の考え方の根底にあるのは、英語を習得するには、人間の言語習得過程を見つめ、それに近い自然な形での学習を進めることが

望ましいということです。
　言語習得過程とは、非常に複雑で、様々な要素を含んだものです。1冊の本でそうした過程のすべてを網羅することは不可能ですし、そもそも本という媒体では対処しきれないものもたくさんあります。したがって、当然のことながら、その過程の中のどこかに焦点を当てて学習法を提示していく必要があります。そして、本書において、言語の習得過程の中で最も重要なものの一つとして焦点を当てているのが模倣です。
　人は誰しも、言葉を使い始める以前に、周囲の人たちと感情や経験の共有をしています。それはまず周囲の人たちの動作を模倣することから始まり、しだいに言葉を模倣し、それを習得していくことになります。模倣なしには言語の習得はありえないのです。
　赤ん坊の行う模倣の根底には、親を中心とする自分の信頼する人、愛する人の模倣があり、まずはそうした人の動作を模倣します。そして、そうした人が、ある物や状況について言葉を使って描写するのを何度も聞くことで、ある音声とある物や状況が対応するものであるということを学びながら、そうした音声を模倣することを通して言葉を獲得していくのです。
　アメリカ人の赤ん坊であれば、そうした一連の作業は当然のことながら英語で行われます。その中で「英語脳」とでもいうべきものが形成され、英語を習得するわけです。したがって、日本人が英語を習得していく場合も、こうした「英語脳」を獲得していくことが必要になります。読者のみなさんが模倣を通じて「英語脳」を獲得し、英語を習得するのを助けること、これが本書の作成意図です。

● なぜ「つぶやき」か
　それでは、本書の具体的な内容と使い方の説明に入ります。
　まず、中心読者層を若いビジネスマンとビジネスウーマンと設定し、彼らが日常生活の中で経験する場面を30シーン取り上げました。そし

て、「英太」と「葵」という2人の登場人物が、それぞれのシーンで発する「つぶやき」を、読者のみなさんが何度も聴き、模倣していきながら学習を進めていただくという形を取っています。

　ここで「つぶやき」という形式をとった理由を3つ挙げておきます。1つ目の理由は、「つぶやき」は学習者がいつどんな状況でも学習できる形式であること。2つ目は、「つぶやき」は言葉の重要な機能の一つである自己表現につながること。そして、3つ目の理由は、「つぶやき」で獲得した表現は、会話の中でも使えるものが多いということです。

●登場人物の紹介

　先程も書いたとおり、実際に赤ん坊が模倣する対象は、自分の信頼する人、愛する人です。本書でも、読者のみなさんに英太と葵という2人の登場人物に対する親近感を少しでも持っていただければと思います。以下のプロフィールをお読みいただき、ぜひ頭の中でイメージしてみてください。

英太……大手電機メーカーの商品開発部に勤める25歳。将来は海外事業部への異動を希望しており、日夜、英語の特訓をしている。高校時代に好きだった女性、葵をいまだに想い続けている。
葵　……中堅広告会社の企画営業部に勤める25歳。しっかり者ではあるが、おだてに乗りやすいタイプ。3年前に彼氏と別れてからは、仕事に没頭する日々を過ごしている。

●学習の進め方

　次に学習の仕方を説明します。
①CDを何度も聴く
　まず学習するシーンを選んだら、付属CDのそのシーンだけをリピートモードにして、かけっ放しにしてください。最初は本文を見ずに音声

だけを聴き、どれくらい理解できるか確認してみます。次に、そのシーンのイラストを見て、状況をイメージしながら、音声とイラストを結びつけていきます。さらに、本文と訳に目を通して、シーン全体を理解した上で、音声をそのシーンの具体的な物や状況と結びつけながら何度も聴きます（訳は臨場感を出すため意訳してある部分もあります。直訳を知りたい場合は Wors & Phrases の所で確認してください）。こうした作業を、日本語を介在させることなく、聞こえてくる音声と、その場面の状況が完全に対応するまで続けてください。

②**自然に口をついて出てくるまで模倣する**

　場面の「つぶやき」が理解できたら、いよいよ模倣です。音声にぴったり寄り添うように、音声が聞こえた直後にそれを真似して発音してください。ストレス、イントネーション、声の調子など、すべてをそっくり真似する気持ちで行うことが重要です。実際、口に出すことで発音に必要な口の筋肉を養ったり、自分の声を聞くことで記憶が定着するという利点があります。しかし、もっと根元的に見れば、声を出すこと自体、人に「快」をもたらすものなのです。最初は面倒かもしれませんが、やがてその作業が非常に楽しいものに感じられてくるでしょう。そうなればしめたものです。やればやるほど効果が出ます。自分の納得の行くように模倣できるようになり、いつのまにか、そのシーンの表現が自然に口をついて出ていたという状態になるまで、繰り返し練習してください。

③**関連表現やイラストを使って応用力を磨く**

　各場面においては、利用価値の高い表現を2、3個取り上げて、「この表現をおぼえよう」のコーナーでその使い方を説明しています。応用的に使える表現を多く選びましたので、ぜひマスターしてください。また、余裕があれば、その右ページに載っている「関連表現」を何度も発音しながら覚えれば、表現の幅がずっと広がるはずです。さらに、各シーンには、そのシーンに関連するイラストと語彙が見開きで載せてあります。そのイラストを見ながら、そのシーンに出てきた表現や「関連

表現」を応用して独自の英文を作り、それをつぶやいてみてください。たとえば、シーン1のイラストを見ながら、「関連表現」と載っている熟語を使って "It's time to take a nap." という文を作り、それをつぶやくといった具合です。さらには、載っている表現にとらわれずに、ひたすらイラストを英語で解説したり、感じたことをつぶやいてみるのも良いでしょう。

　30の場面は、おおまかに時間順になっており、臨場感を持たせるために、内容に関連性を持たせている部分もあります。ですから、特にこだわりがなければ最初から順に学習されることをおすすめします。

●一歩進んだ学習法

　以上、本書の基本的な学習手順を説明しました。30シーンで語られる「つぶやき」をしっかり模倣すれば、かなり豊富な英語表現を手に入れることができるはずです。しかし、模倣で満足し、そこに留まってしまっては、せっかく習得したことが活かしきれません。読者のみなさんには、その後、以下の2つのことをやってみていただきたいと思います。

　1つ目は、本書で学んだ表現を元に、単語を入れかえるなどして、自分なりの「つぶやき」を作ってみるということです。言葉の持つ重要な機能の一つは自己表現です。手に入れた表現を使って自分の状況、思考、感情などを表現する喜びというものに支えられてこそ、言語学習は継続可能となり、意味のあるものになるのです。

　2つ目は、ネイティブを相手に、習得した表現を使ってみるということです。ネイティブと接する機会のない方もインターネットや英会話サロンなどを利用して、なんとか機会を見つけて習得した表現を使ってみましょう。言語の機能の最大のものは、他者とのコミュニケーションの道具であるということです。ですから、この部分が欠落しないように工夫していただければと思います。

英語学習という観点から見た場合、ネイティブとの会話の効用はたくさんありますが、ここでは２つの点について指摘しておきます。
　効用の１つは、誉められるということです。みなさんも、もし外国人が上手な日本語を話したり、それまで使わなかった表現を使ったとしたら、きっと誉めてあげることでしょう。それと同じで、みなさんが英語で新しい表現を使えば、ネイティブはきっと誉めてくれるはずです。この誉められるということは、言語学習を非常に強く動機付けてくれるのです。幼児が新しい言葉を使って周囲の人に誉められたときの非常にうれしそうな顔をご覧になったことがあるでしょう。その喜びが元になって、さらに言語習得に拍車がかかるのです。
　もう１つの効用は、ネイティブに向けて何か新しい表現をすると、相手はそれをより完全な形にして返してくれるということです。私も、自分が何か新しい表現を仕入れると、それをわざと会話の中で使ってみることにしています。往々にしてその使い方には不自然な所があるものですが、大人同士ですから、相手はあからさまにその使い方の間違いを指摘してくることはありません。そのかわりに、私の使った表現を正しい形にして、さりげなく会話の中で使うことで、正しい使用法を伝えてくれるのです。言語学習においてこれほど有益なものはありません。この作業をして初めて、その表現を自分の血肉として自信を持って使えるようになるのです。

●学習上の注意点
　ここで本書の注意点について２点述べておきます。まず１点目です。各シーンにおける「つぶやき」は、私が出版社の方と相談しながら基本的なストーリーを作り、それを基に共著者であるヴィンセント・マークス氏、恵美子・マークス氏に作成していただきました。さらに、音声収録にも協力していただいたエリン・エリス氏にも最終チェックをお手伝いいただきました。前作の『超右脳つぶやき英語トレーニング』のとき

は、「日常の様々な場面でネイティブが自然に使う表現」をそのまま用いて「つぶやき」を作りましたが、姉妹編である本書では、「日本人英語学習者の視点に立つ表現」により大きな重点を置きました。そのようなわけで、"アメリカ人的発想"にないセリフもありますが、ここはあえて"日本人的発想"を基準にして作ったということをご理解ください。とはいえ、使われている英語自体はあくまでもナチュラルなものです。

　２点目は、男言葉と女言葉の問題です。日本語の場合、日常の話し言葉については男女の差が小さくなっているものの、活字にする場合はまだまだ差があるのが実情です。本書においても、葵の「つぶやき」には女言葉を、英太の「つぶやき」には男言葉を使った訳をつけてあります。しかし、英語はその差が非常に小さい言語であり、葵の「つぶやき」はそのまま男性にも使っていただけますし、英太の「つぶやき」も女性にそのまま使っていただいてまったく問題ありません。

●付属 CD について

　本書の付属 CD には Scene 1 から Scene30 までの「つぶやき」がノーマルスピード→２倍速→３倍速の順で収録されています。

　本書の付属 CD における発話スピードは、一切手加減のないナチュラルスピードです。最初はテキストを見ながらでさえ聴き取れない部分も出てくるかもしれません。しかし、決してあきらめず、何度も繰り返して聴いてみてください。しだいに、発音される音を瞬間的に聴き取ることができるようになるはずです。それは「聴く」というよりも「感じる」という感覚に近いかもしれません。音を「感じる」感覚が身に付けば、それは大きな進歩です。

　収録においては、英太役にマークス氏が自らあたり、葵役をエリス氏にお願いしましたが、それぞれがその役になりきり、感情がきちんとこもったものになっています。ですから、模倣練習をする際は、ただ単に音の表面的なものを真似するだけではなく、その感情まで汲み取りなが

ら、それを表現するつもりで行っていただけると、言葉が生きたものとして身体に染み込むことと思います。

● **高速聴解メソッド～２倍速・３倍速音声の利用法**
　CDに収録されている２倍速・３倍速トラックについての活用法を説明します。このCDに収録された高速音声は、特殊な機器を使うことによって、通常の音声を、ピッチを変えることなく２倍・３倍の速さにまでスピードアップしたものです。３倍速などは、最初は雑音にしか聴こえないかもしれませんが、意識を集中して継続的に聴き続けることによって脳の質が変わり、聴いて理解できるようになります。これこそが高速聴解メソッドの真髄です。使い方は様々ですが、ここでは大きく３つご紹介します。

　１つ目は、右脳学習で著名な七田眞先生が提唱されている「高速視聴読法」です。推薦文の中でも説明されていますが、これは、活字を目で追いながら聴き、口で唱えるというものです。それによって大脳の一部が活性化され、集中力や記憶力が養われたり、様々な能力が開発されたりするというわけです。私自身も、高速視聴読を毎日15分行うことによってリスニング力が伸びたという経験を持っています。

　２つ目は、各シーンの暗唱練習をする前に、そのシーンの３倍速音声をひたすら聴くか、または３倍速→２倍速と聴いて、その後にノーマル音声を聴きながらシャドーイング（英語を聴きながら、影のようにすぐ後から追いかけて口に出して言う学習法）するという方法です。高速音声を繰り返して聴いた後にノーマル音声を聴くと、驚くほど聴き取れることに気付いていただけることと思います。すると、シャドーイングも楽にできるようになり、その後の暗唱練習にも弾みがつきます。

　３つ目は、２倍速か３倍速の音声だけ編集したものを、通勤や寝る前の時間にひたすら聴く方法です。３倍速などは、はじめはまったく聴き取れないでしょうが、継続していくうちに脳の質が変わり、徐々に聴き

取れる音が増えていきます。

　全体として共通してお願いしたいことは、毎日継続することと、学習の最初の部分で高速音声を聴いて、脳を活性化してから学習に臨むということです。そのようにしていただければ、より能率よく学習が進むことと思います。ぜひ試してみてください。

● **感謝の言葉**

　最後になりましたが、本書の企画にあたっては、七田眞先生の「七田メソッド」を参考にさせていただきました。その七田先生に本書の推薦をお願いできたことは望外の喜びであり、心より感謝申し上げます
　また、総合法令出版の竹下祐治さんには、本書の企画の段階から内容に至るまで、多くの貴重な助言をいただき、編集段階では、田所陽一さんに大変お世話になりました。恵美子・マークスさんには、執筆段階で多大なる協力をいただき、エリン・エリスさんには、その躍動感溢れる英語で、音声収録に協力いただきました。心からお礼を申し上げます。

● **最後に**

　結びとして、読者のみなさんに次の言葉を贈りたいと思います。その言葉を念頭に置きつつ、楽しみながら本書で英語を習得していただければと思います。

－英語習得は勉強ではなく体験である－

2009年2月3日
登内和夫

■目次■

推薦のことば（七田 眞）……1
はじめに……6

Scene 1　目覚め〈気分を表す表現〉……18
Scene 2　洗面〈鏡を前につぶやく表現〉……24
Scene 3　朝食〈料理を作るときの表現〉……30
Scene 4　着替え〈服を着るときの表現〉……36
Scene 5　駅まで歩く〈季節を感じる表現〉……42
Scene 6　電車の中〈人の姿や動作を表す表現〉……48
Scene 7　メールのチェック〈パソコンを操作するときの表現〉……54
Scene 8　1日の予定のチェック〈行動予定を立てるための表現〉……60
Scene 9　昼食〈食べるときの表現〉……66
Scene 10　電車の乗り継ぎ〈電車に乗るときの表現〉……72
Scene 11　会社訪問〈道順に関する表現〉……78
Scene 12　交渉成立のよろこび〈感情を表す表現〉……84
Scene 13　会議の準備〈交渉に関する表現〉……90
Scene 14　出張の準備〈出張や旅の表現〉……96
Scene 15　残業〈時間や期間に関する表現〉……102
Scene 16　遅い夕食〈料理を注文するときの表現〉……108
Scene 17　帰宅〈家の中のものに関する表現〉……114
Scene 18　お風呂〈体の部分とその関連表現〉……120
Scene 19　就寝〈1日を振り返るときの表現〉……126
Scene 20　休みの日の朝〈休息を表す表現〉……132
Scene 21　メールチェック〈連絡をとるときの表現〉……138
Scene 22　そうじ〈身の回りをきれいにするときの表現〉……144

Scene 23　今日の天気〈天候に関する表現〉……150
Scene 24　ショッピング〈買い物に関する表現〉……156
Scene 25　夕食の買物〈買い物に関する表現〉……162
Scene 26　デートの日の朝〈恋愛に関する表現〉……168
Scene 27　待ち合わせ〈異性に対する気持ちの表現〉……174
Scene 28　デートの帰り道〈恋愛に関する表現〉……180
Scene 29　ドライブ〈車の運転に関する表現〉……186
Scene 30　日記を書く〈一日の感想を表す表現〉……192

あとがき……196

装丁　田中正人（MORNING GARDEN INC.）
カバー・本文イラスト　テンキ
本文組版　横内俊彦

〈付属ＣＤについて〉

　本書に掲載した Scene 1〜Scene30 のつぶやき表現の音声を収録しています。トラック１には Scene 1 のノーマルスピード、トラック２には Scene 1 の２倍速、トラック３には Scene 1 の３倍速が収録され、トラック４以降は Scene 2 以降の音声が同じ順序で収録されています。各 Scene の本文にも該当するトラックの番号が下記のとおり記載されています。

Scene 5　駅まで歩く
〈季節を感じる表現〉

１　何度も聴いて、一緒に言ってみよう

track13　track14　track15
ノーマル　２倍速　３倍速

So, I'll get going now. Which shoes should I wear today? I'll wear this pair that goes best with this suit. And the weatherman was

---

〈関連表現のダウンロードサービスについて〉

　各 Scene に掲載されている「関連表現」の音声を期間限定でダウンロードすることができます。詳しくは下記サイトをご参照ください。

http://englishll.cocolog-nifty.com/

※上記サイトは予告なく閉鎖されることがあります。ご注意ください。

Scene 1 目覚め
〈気分を表す表現〉

1 何度も聴いて、一緒に言ってみよう

track 1　track 2　track 3
ノーマル　2倍速　3倍速

Beep! Beep! Beep! (alarm clock tone) Oh, the alarm clock's ringing. I've got to stop it. What time is it? 6:30. Uh, I'm still sleepy. I am not a morning person. I'm still sleepy, especially since I went to bed late last night. Maybe I can still sleep for another 5 minutes. It always feels so good to go right back to sleep. No, no. I may end up sleeping in if I go back to sleep now. What's today's schedule like, anyway? Ah, that's right, I have an important meeting starting in the morning, so there's no way I can be late. Okay, I'll get up. I'll stretch first to get myself up. Hmmm. My brain's still not awake, yet. I'll take a deep breath. First, I'll breathe out slowly(hooo). And then I'll slowly breathe in. Okay, I'll get up! I'll work hard today!

[Words & Phrases]

- ☐ Beep：（時計や警笛、ブザーなどの）ビーッという音
- ☐ alarm clock：目覚まし時計
- ☐ ring：（時計やベル、電話などが）鳴る
- ☐ morning person：朝型の人（20ページの解説参照）
- ☐ especially：特に、とりわけ
- ☐ It feels so good to －：－するのはとても気持ちがいい
- ☐ go right back to sleep：また眠りに戻る、二度寝する
- ☐ end up －ing：ついには－することになる

- [ ] anyway：とにかく、いずれにせよ
- [ ] There's no way S can V.：SがVできるわけがない
- [ ] get up：起きる、起床する
- [ ] awake：目が覚めている、起きている
- [ ] take a deep breath：深呼吸する
- [ ] breathe out：息を吐き出す
- [ ] breathe in：息を吸い込む

2　訳（状況をイメージしよう）

ピピピピピ！　ピピピピピ！（目覚まし時計の音）ああ、目覚ましが鳴っている。止めなくっちゃ。今、何時だろう？　6時半か。あー、まだ眠いなぁ。私って朝が弱いのよね。特に昨日は遅く寝たから、まだ眠い。あと5分くらいは寝れるかな？　二度寝って気持ちいいんだよね。だめ、だめ。このまま寝てしまうと、寝過ごしてしまうかもしれない。今日の予定はどうなっていたっけ？　あっ、そうだ、今日は朝から大事なミーティングがあるから、絶対、遅刻できないんだ。よし、起きるぞ。まずは体を起こすために伸びをしよう。う〜ん。まだ頭がボーっとしてるな。深呼吸をしよう。まずはゆっくりと息を吐く（ふ〜）。そしてゆっくりと息を吸う。よし、起きるぞ！　今日も一日、がんばろう！

3　この表現をおぼえよう

I've got to stop it.
　〈have got〉は have と同じなので、have got to は have to、すなわち「−しなければならない」という意味になります。口語では、have が抜け落ちて、got to になることもあります。さらに、got to は gotta となることも多く、その場合、上記の文は I gotta stop it. となります。

I'm not a morning person.
　〈~ person〉という表現は、「〜が好きな人、〜が得意な人」という意味で用いられることがあります。a morning person は「朝型人間」ということですが、a mountain person, a dog person, a language person, a math person 等、様々な表現が使われます。否定文での使用が多く見られます。

4 関連表現

1. I'm still sleepy.
   まだ眠いなあ。
2. What's my plan for the day?
   今日の私の予定はどうなっていたっけ？
3. I wonder what time it is.
   今何時だろう？
4. Sometimes I wish I could just roll over and fall back to sleep.
   そのまま寝返りを打って二度寝できたらと、ときどき思うわ。
5. I suppose I'd better get up or I'm gonna be late for work.
   早く起きないと仕事に遅れちゃう。
6. It's time to get a new computer.
   そろそろ新しいコンピュータを買うときね。
7. Man, it feels good to stretch.
   あー、ストレッチをすると気持ちがいい。
8. I still feel groggy this morning because I didn't sleep that well last night.
   昨夜はあまり眠れなかったから、今朝はまだボーっとしているわ。
9. I had a hard time getting out of bed this morning.
   今朝はベッドから起きるのがつらかったわ。
10. Are you a morning person or a night person?
    あなたは 朝型 それとも 夜型？
11. Oh, man, I was just in the middle of a good dream, and then the alarm rang!
    あー、もー、いい夢を見ているところだったのに、アラームが鳴っちゃった！

イラストを見ながら、つぶやいてみよう

寝すぎる　sleep too much
すぐ寝る　fall right asleep
よく寝る　sleep well

肌にうるおいを与える　moisturize skin
肌を整える　pamper skin
化粧を落とす　remove makeup
化粧水をつける　put face lotion on

寝かしつける　tuck him/her in

パジャマ　pajamas

充分寝る　get enough sleep
昼寝をする　take a nap
寝つきが悪い　can't fall asleep

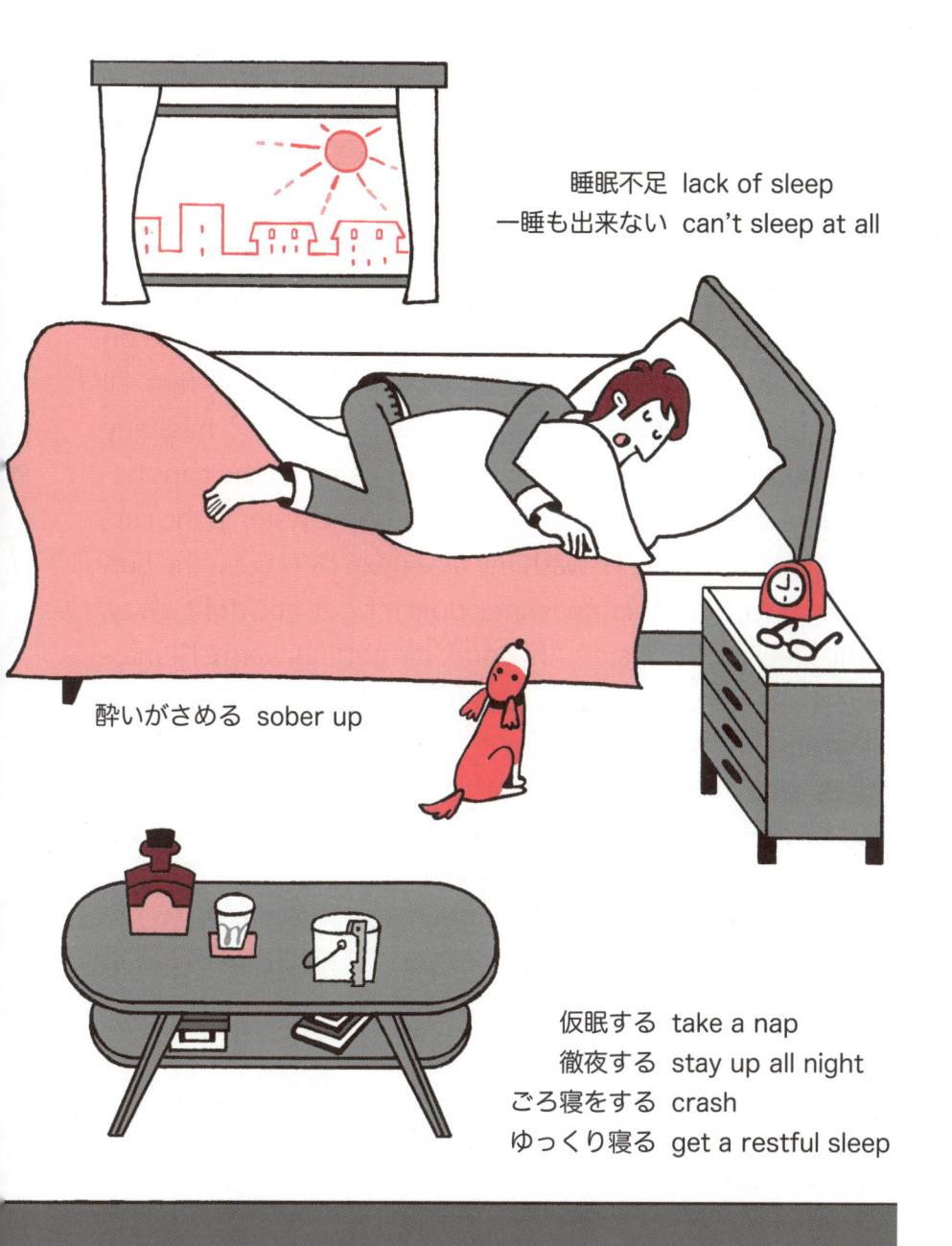

睡眠不足 lack of sleep
一睡も出来ない can't sleep at all

酔いがさめる sober up

仮眠する take a nap
徹夜する stay up all night
ごろ寝をする crash
ゆっくり寝る get a restful sleep

Scene 2 洗面
〈鏡を前につぶやく表現〉

1 何度も聴いて、一緒に言ってみよう

track 4　track 5　track 6
ノーマル　2倍速　3倍速

(While looking in the bathroom mirror) I still look sleepy, don't I? Okay, I'll brush my teeth. The toothpaste is running low, so I'd better buy another one very soon. I'll put some toothpaste on my toothbrush. I'll give my front teeth a good scrub first. I'll brush the back side well, too. I'll make sure not to miss any spots on my back teeth. Plaque tends to gather in the gaps between teeth. There, that's good. I'll pour some water in the cup, and rinse my mouth. I'll wash my face next. I'll turn on the hot-water faucet, but I know water doesn't get hot right away. (While feeling the water) Ah, good, it's getting warm. I'll massage my face while washing to help with the blood circulation. I'll wash and fix my hair since it got messed up while I slept. That's good. Where's the towel? Uh, there it is. Ahh, that felt good. I'll set up my hair while drying. Good, that makes me look sharp.

[Words & Phrases]

- scrub：ゴシゴシ磨くこと
- make sure not to －：確実に－しないようにする
- plaque：歯垢
- pour：注ぐ
- rinse：ゆすぐ、すすぎ落す

☐ turn on：(蛇口、栓などを) ゆるめる
☐ faucet：蛇口
☐ blood circulation：血液の循環、血行
☐ fix one's hair 〜の髪を整える
☐ get messed up：散らかす、だらしなくなる
☐ set up one's hair：〜の髪をセットする
☐ sharp：(身なりが) 粋な、きちんとした．

2 訳（状況をイメージしよう）

（洗面所の鏡を見ながら）まだ眠そうな顔をしているなぁ。よし、歯を磨こう。歯磨き粉が少なくなっているから早めに買っておいたほうがいいわね。歯ブラシに歯磨き粉をつけてと。まずは前歯をゴシゴシ。歯の裏も念入りに磨こう。奥歯は磨き残しがないように気をつけよう。歯と歯の隙間は歯垢がたまりやすいのよね。これでよしと。コップに水を入れて口をゆすごう。次は顔を洗おう。お湯が出るほうの蛇口をひねってもお湯はすぐには出ないのよね。（水に触りながら）よし、暖かくなってきた。顔の血行をよくするためにも、顔をマッサージしながら洗おう。寝癖を直すために髪の毛も洗って。これでよし。タオルはどこだっけ？あ、あった。ああ、さっぱりした。ドライヤーで髪を乾かしながらセットしよう。よし、これでバッチリ決まったわね。

3 この表現をおぼえよう

I'd better buy another one very soon.
〈had better －〉で「－した方がいい」という意味ですが、should よりもやや強い意味合いを持つ場合もあり、声の調子によっては、「－した方がいい。そうしないと大変なことになるぞ」という脅迫的なニュアンスを持つ場合もあります。口語では had が省略されることもあります。

I'll make sure not to miss any spots on my back teeth.
〈make sure〉は、「確かめる、確実に～するようにする」という意味で、後ろに that 節、to 不定詞、of 名詞［代名詞］といった形が続きます。上の文では否定形の不定詞が続いているので、「確実に－しないようにする」という意味になります。

4　関連表現

1. I'd better go brush my teeth, floss, and gargle.
   歯を磨いて、歯の隙間を掃除し、うがいをしたほうがいいわね。
2. Maybe after I wash my face I'll wake up a bit.
   顔を洗えば、少しは目が覚めるでしょう。
3. I'm running out of (toothpaste, shampoo, body soap).
   （歯磨き粉、シャンプー、ボディーソープ）がなくなりそう。
4. I admit (that) I'm having a bad hair day.
   今日はついてないなあ。
5. I suppose I should have gotten up a little earlier.
   もう少し早く起きるべきだったわ。
6. I need to put on my makeup in a hurry, or I really will be late.
   急いで化粧しないと本当に遅れちゃう。
7. It sure takes a long time for this water to get hot.
   お湯が出るまで本当に時間がかかるわね。
8. Dang! Brushing my hair always takes so long, and I can never get it right!
   いやだなー！　私の髪って、とかすのにいつも時間がかかるし、絶対うまくいかないんだから！
9. I hate to have to hang my laundry every day. It's such a pain in the butt!
   洗濯物を毎日干すのはいやね。本当に面倒くさい！
10. I'll make sure to buy some (toothpaste, shampoo, body soap).
    （歯磨粉、シャンプー、ボディソープ）を忘れずに買おう。

イラストを見ながら、つぶやいてみよう

元気な	fine
疲れた	tired
だるい	sluggish
肩こり	stiff shoulders
筋肉痛	muscle pain
腹痛	stomachache
頭痛	headache
発熱	fever
生理痛	period pain
にきび	pimple

洗顔クリーム	facial cleansing cream
シェービングクリーム	shaving cream
歯磨き粉	toothpaste
歯ブラシ	toothbrush
ヘアブラシ	hairbrush

洗面台	sink
蛇口	faucet
戸棚	cabinet
栓	plug

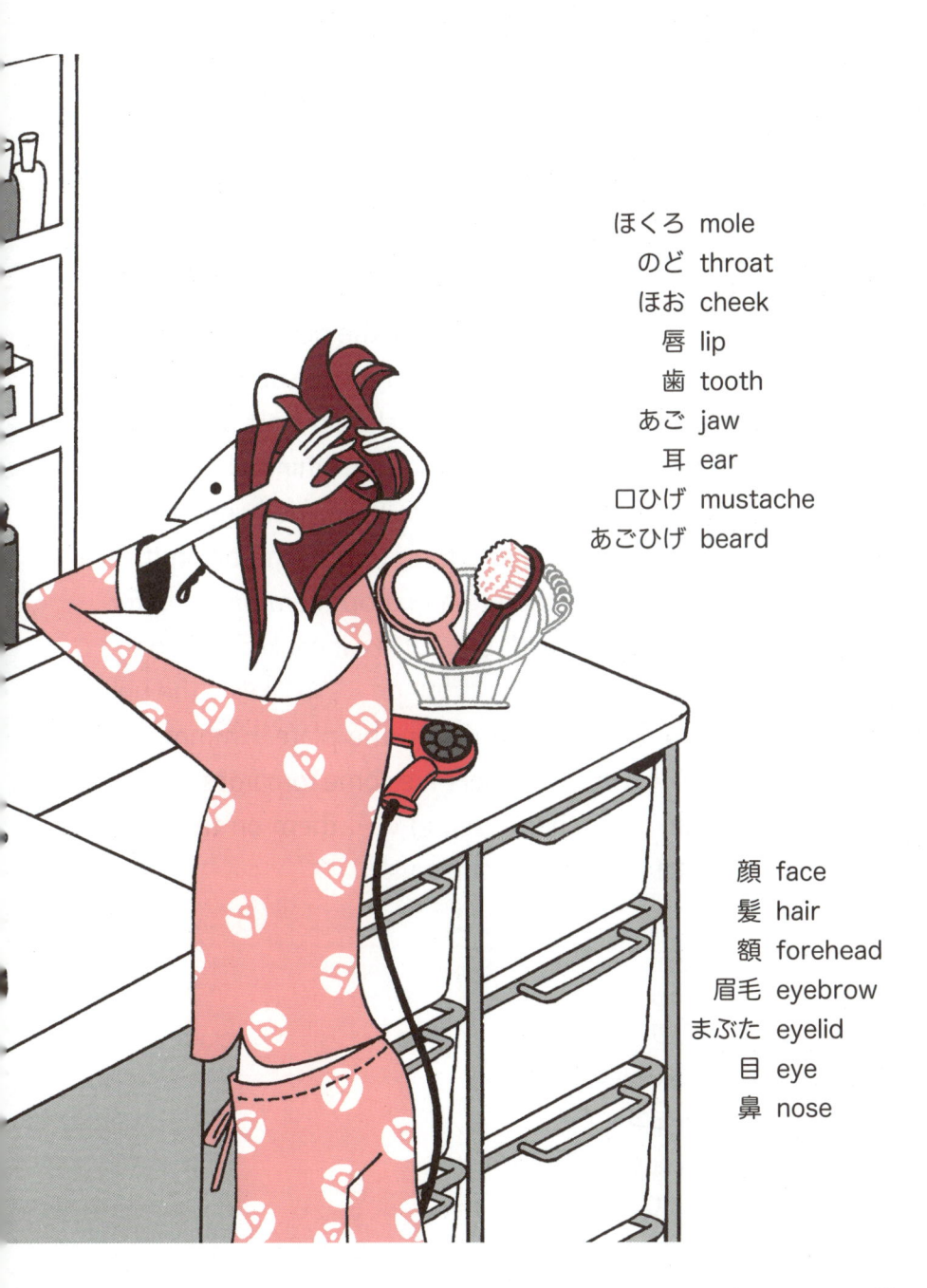

ほくろ	mole
のど	throat
ほお	cheek
唇	lip
歯	tooth
あご	jaw
耳	ear
口ひげ	mustache
あごひげ	beard

顔	face
髪	hair
額	forehead
眉毛	eyebrow
まぶた	eyelid
目	eye
鼻	nose

Scene 3 朝食
〈料理をつくるときの表現〉

1 何度も聴いて、一緒に言ってみよう

track 7　track 8　track 9
ノーマル　2倍速　3倍速

Let's see, what should I eat this morning? Is there anything leftover from yesterday? I'll check in the fridge. Hmmm, not much in here. There's some natto, but I ate all the rice yesterday, and I'll be late if I start cooking rice now. There're some eggs, so I can have some toast and fried eggs. I should start heating up some water for coffee before that, though. I think I'll put some water in the pot and turn the stove on. Then, fried eggs. I'll put the frying pan on the stove, and then pour some oil on it. I'll crack the eggs open, and then gently drop them onto the frying pan so that the yolks won't break. I like it cooked just so the yolks are half done. Okay, this is about done, so I'll turn the unit off. It's time to put the fried eggs on the plate. Hmmm, this looks a little boring. Oh, yeah, there are some tomatoes and cucumbers, so I can chop them up and dish them on the plate. Now, my breakfast is ready! Time to eat!

[Words & Phrases]

☐ leftover：残り物
☐ fridge：（主に家庭用の）冷蔵庫
☐ turn ~ on：〜をつける
☐ crack an egg open：卵を割る
☐ gently：ゆっくり、優しく

- ☐ yolk：卵の黄身
- ☐ half done：半熟の、生煮えの、未完成の
- ☐ be about done：ほぼ完了している
- ☐ turn ~ off：〜を止める
- ☐ boring：味気ない、退屈な
- ☐ chop ~ up：〜を切る、切り刻む
- ☐ dish：（料理を）皿に盛り付ける

2　訳（状況をイメージしよう）

さて、今朝は何を食べようかな。何か昨日の残り物があったかしら？冷蔵庫をのぞいてみよう。う〜ん、大したものはないな。納豆はあるけど、ご飯は昨日全部食べちゃったし、今から炊いてたら会社に遅れちゃうもんね。卵があるからトーストと目玉焼きにしよう。その前に、コーヒーを入れるためにお湯を沸かさなくちゃ。ポットに水を入れて、火をつけて。次は目玉焼き。フライパンを火にかけてから、油をひく。卵を割ったら、黄身が潰れないようにゆっくりとフライパンにのせる。黄身が半熟状態の方が私は好みなのよね。うん、これぐらいでいいから火を止めてと。できた目玉焼きはお皿にのせましょう。う〜ん、これだけだとなんか味気ないなぁ。そうだ、トマトとキュウリがあるから、それも切ってお皿に盛り付けましょう。はい、これで朝ごはんの出来上がり！さあ、食べよう！

3　この表現をおぼえよう

Let's see, what should I eat this morning?
　〈Let's see.〉は独立して用いられると、「ええと…」といった、何かを考えている時の時間稼ぎの表現になりますが、see の後ろに目的語が来ると、「〜を確認しましょう、〜を見てみましょう」という意味になります。時間稼ぎの表現としては、Let me see. や Hmm. も用いられます。

I think I'll put some water in the pot and turn the stove on.
　この文における〈stove〉は調理用のコンロ、レンジのことで、暖房用のストーブのことではありません。また、stove の中の実際に火が出る部分を unit とか burner と呼びます。

4 関連表現

1. I'm so hungry I could eat a horse.
   本当にお腹が減っちゃった。
2. I'm starving. What should I eat?
   お腹がペコペコ。何を食べようかな？
3. Are there any leftovers in the fridge?
   冷蔵庫に何か残りものはないかな？
4. I'm stuffed. I ate way too much !
   お腹がパンパン。食べすぎちゃった！
5. What do you want for (breakfast, lunch, dinner)?
   （朝食、昼食、夕食）は何を食べたい？
6. I'm going to heat up some water. Do you want some tea?
   お湯をわかすけど、お茶を飲む？
7. I'm going to need to chop up a bunch of vegetables for this soup.
   このスープに入れるのに野菜をたくさん切り刻まないと。
8. I wonder if I should bake a bunch of cookies for this weekend.
   この週末はクッキーをいっぱい焼こうかしら。
9. I'll let this soup simmer for about an hour or so.
   約1時間このスープをとろとろ煮てみよう。
10. Maybe I should steam these vegetables because that's a healthier way to cook them.
    この野菜は蒸したほうが健康にいいから、そうしようかな。
11. Let's see...the recipe says to cover and let stand for 15 minutes before serving.
    えーと、レシピには料理を出す前に15分間フタをしてそのままにしておくと書いてあるわ。

イラストを見ながら、つぶやいてみよう

湯呑茶碗	teacup
皿	dish, plate
コップ	cup, glass
茶碗	rice bowl
箸	chopsticks

スプーン spoon
フォーク fork
ナイフ knife

切る	cut, chop
炒める	fry
揚げる	deep-fry
オーブンで焼く	bake
あぶる	broil
煮る	simmer
茹でる	boil
蒸す	steam
ひっくり返す	flip

ハーブ	herb
調味料	spice
胡椒	pepper
塩	salt
砂糖	sugar
やかん	kettle
平鍋、片手鍋	pan
深鍋、両手鍋	pot
冷蔵庫に入れる	put ~ in the fridge
冷やす	chill
蓋をする	cover
ポーチド・エッグ	poached egg
スクランブル・エッグ	scrambled egg
（両面を焼いた）目玉焼き	over easy, over medium
（片面を焼いた）目玉焼き	sunny-side up
半熟	soft-boiled egg
固ゆで	hard-boiled egg
ゆで卵	boiled egg

Scene 4 着替え
〈服を着るときの表現〉

1 何度も聴いて、一緒に言ってみよう

track10 track11 track12
ノーマル 2倍速 3倍速

Well, what should I wear today? If I go with the rotation, it should be this black suit by JUN. I have an important business meeting today. I'm going to wear my winning suit, the striped one by Paul Smith. I should wear my white button-down shirt to make a clean impression. Well, which tie should I wear? Maybe I'll wear the red one to emphasize my passion. But that wouldn't go well with this suit. Maybe the blue one to make a calm impression. Or would that be too quiet? After all, I think I'll wear my favorite brown tie. Now that I've decided, I'll get dressed. I'll put my shirt on and button it up. I'll put my pants on, zip them up and put on my belt. I'll put the tie and the jacket on, and I'm done! Oops, I don't want to forget my new handkerchief. Looking sharp. Now I'm ready for today's business meeting.

[Words & Phrases]

- □ winning suit：勝負服
- □ clean：清潔な、汚れのない
- □ emphasize：強調する、アピールする
- □ go well with ~：〜に合う
- □ calm：穏やかな、静かな、落ち着いた
- □ quiet：静かな、控え目な、大人しい

- □ favorite：お気に入りの
- □ get dressed：服を着る
- □ button ~ up：~のボタンをかける
- □ zip ~ up：~のジッパーを締める
- □ I'm done.：(仕事などが)「終わった」
- □ oops：しまった!、おっと!（間違えたときの驚きを表す）
- □ be ready for ~：~の準備ができている

2　訳（状況をイメージしよう）

さて、今日は何を着ようかな。ローテーションで行くと、このJUNの黒のスーツなんだけど、今日は大事な商談があるんだよな。ここはやはり勝負服のポール・スミスのストライプのスーツにしよう。シャツはやっぱり清潔感を出すために、この白のボタンダウンのシャツにしよう。さて、ネクタイはどれにしようかな？　情熱をアピールするために赤いのにしようか。でもこのスーツには合わないな。落ち着いた印象を与えるために青いのにしようかな。ちょっとおとなしすぎるかな。ここはやっぱり、僕が一番好きな、この茶系のネクタイにしよう。そうと決まれば、早速着よう。シャツに袖を通して、ボタンを留めて。ズボンをはいて、チャックを上げて、ベルトをしめる。ネクタイをしめて、ジャケットを羽織れば完成！　おっと、新しいハンカチも忘れずにと。決まってるな。これで今日の商談の準備もバッチリだ。

3　この表現をおぼえよう

I'm going to wear my winning suit.
〈be going to －〉は「－しそうだ、－するだろう、－しようとしている、－するつもりだ」等の意味で、willと同じような使い方ができますが、その行為をする兆候がすでに見られる場合に使います。依頼の表現としてはbe going toは使わない方がいいでしょう。

I don't want to forget my new handkerchief.
〈don't want to －〉は〈want to －〉の否定形として、「－したくない」という意味になりますが、この文のように、「－するべきではない、－しない方がいい」という意味合いで用いられることもよくあります。

4 関連表現

1. Please take off your coat, and have a seat.
   どうぞコートを脱いで椅子におかけになってください。
2. Put on these slippers and relax.
   スリッパを履いてリラックスしてください。
3. What should I wear today?
   今日は何を着るべきかな？
4. What are we supposed to wear to the party?
   パーティーに何を着ていけばいいのかな？
5. What do you think goes with this shirt?
   このシャツに合うのは何だと思う？
6. I think I'll get undressed and slip into the shower.
   服を脱いでシャワーに入ろう。
7. I better not forget to zip up my pants.
   ズボンのチャックを上げるのを忘れないようにしないと。
8. It's cold, so I better wear my heavy coat and take my hat, gloves and scarf, too.
   寒いから、厚手のコートを着て、帽子をかぶり、手袋やマフラーもしたほうがいいなあ。
9. I'm running late, so I better dress quickly.
   予定より遅れているから、急いで身仕度をしたほうがいい。
10. I always have trouble putting my tie on and getting it the right length.
    ネクタイをするとき、ちょうどいい長さにするのにいつも一苦労だ。
11. Do these shoes go with these pants?
    この靴はこのズボンに合うかなあ？

イラストを見ながら、つぶやいてみよう

ベルト　belt

ネクタイピン　tiepin

カフスボタン　cuff links

腕時計　watch

服を着る　put one's clothes on
服を脱ぐ　take one's clothes off

ネクタイを締める　put one's tie on
ネクタイをはずす　take one's tie off

ズボンをはく　put one's pants on
ベルトを締める　put one's belt on
チャックを上げる　zip up
裾を上げる　roll up one's sleeves
ボタンを締める　button up

スーツ	suit
ベスト	vest
ジャケット	jacket
三つ揃え	three-piece suit
ネクタイ	necktie
ワイシャツ	dress shirt
そで口	cuff
襟	collar
袖	sleeve
セーター	sweater
スカーフ	scarf
下着	underwear
ポケット	pocket
ボタン	button
ベルト通し	belt loop
ブリーフケース	briefcase
アタッシュケース	attaché case
革靴	leather boots/shoes
スニーカー	sneakers

Scene 5 駅まで歩く
〈季節を感じる表現〉

1 何度も聴いて、一緒に言ってみよう

track13 track14 track15
ノーマル 2倍速 3倍速

So, I'll get going now. Which shoes should I wear today? I'll wear this pair that goes best with this suit. And the weatherman was saying that it may rain in the evening, so I should take my folding umbrella. Okay, I'm not forgetting anything. "I'm off!" Wow, it's a little chilly. It gets a little cold in the mornings. I wonder if I should've worn a coat. But it'll get warmer during the day, so I should be okay. The trees in town look like they're turning color little by little. They look pretty. Oh, the light's green. Would I make it if I ran? Oh, it turned yellow. This light takes long. Geez, there's always a lot of traffic on this road. What time is it, anyway? Wow, it's this late already! Can I make it to the 7:30 train? I'll walk a little faster to the station.

[Words & Phrases]

☐ get going：出かける
☐ go best with ~：〜に最もよく合う
☐ weatherman：(テレビやラジオの) 天気予報士
☐ folding umbrella：折りたたみ傘
☐ I'm off.：「行ってきます」
☐ wow：うわあ、やあ（驚嘆、喜びを表す）
☐ chilly：冷える
☐ get a little cold：少し冷え込む

- □ during the day：日中は、昼間は
- □ S look likes S V.：S は V するようだ
- □ turn color：色が変わる、色づく
- □ little by little：少しずつ
- □ pretty：きれいな、かわいい
- □ make it：間に合う
- □ It's this late already.：「もうこんな時間だ」

2　訳（状況をイメージしよう）

じゃあ、出かけようか。今日はどの靴を履いていこうかな。やっぱり、このスーツに一番合うこの靴にしよう。それと天気予報では夕方から雨が降るかもしれないって言ってたから、念のため折りたたみ傘を持って行こう。OK、忘れ物はないな。「いってきま～す！」うー、ちょっと寒いな。朝は少し冷え込むな。コートを着てきた方がよかったかな？でも日中は気温も上がるから大丈夫だろう。町の木々も少しずつ色づいてきたみたいだ。きれいだなあ。おっと、信号が青だ。走ったら間に合うかな？　あ、黄色に変わった。この信号、長いんだよな。それにしても、この道路はいつも交通量が多いな。ところで、今何時だろう？　わぁ、こんな時間だ！　7時30分発の電車に間に合うかな？　駅までちょっと早歩きしよう。

3　この表現をおぼえよう

I should take my folding umbrella.
　take も bring も「持っていく」という意味がありますが、take は話し相手から離れた所へ「持っていく」のに対し、bring は話し相手のいる所に「持っていく」という違いがあります。

The trees in town look like they're turning color little by little.
　〈S look like S V.〉で「S は V するようだ」という意味になります。この場合、二度目に出てきた S は代名詞になります。また、最初の S の代わりに It を用いて、〈It looks like S V.〉と表現することも可能です。

4 関連表現

1. I heard it might rain today, so I better take my umbrella.
   今日は雨になるかもしれないと聞いたから、傘を持っていったほうがいいな。
2. Hmmm...I feel like I'm forgetting something.
   うーん、何かを忘れているような気がする。
3. Brr, it's cold! It's a good thing I wore my heavy coat.
   ぶるるっ、寒い！　厚手のコートを着てきてよかった。
4. I love the late autumn weather when the leaves are golden and the sky is blue.
   木の葉が色づいてて空が青い晩秋の天気が好きだ。
5. Commuting in the rain is a pain – especially in the winter when it's cold.
   雨の中の通勤は面倒くさい。特に冬は寒いから。
6. Look out for that oncoming car!
   対向車に気をつけろよ！
7. There's no way I'll be on time today with this traffic jam!
   この渋滞では今日は絶対に間に合わないぞ！
8. Look at all of those people at the bus stop. I wonder if the bus is running late.
   見てごらん。バス停にたくさん人がいるよ。バスが遅れているのかなあ。
9. I can't stand the humidity in the summertime.
   夏の湿気はがまんできない。
10. I don't know if I'll ever get used to the crowded subways and trains.
    地下鉄や電車の混雑に慣れることなんてできるのかなあ。

イラストを見ながら、つぶやいてみよう

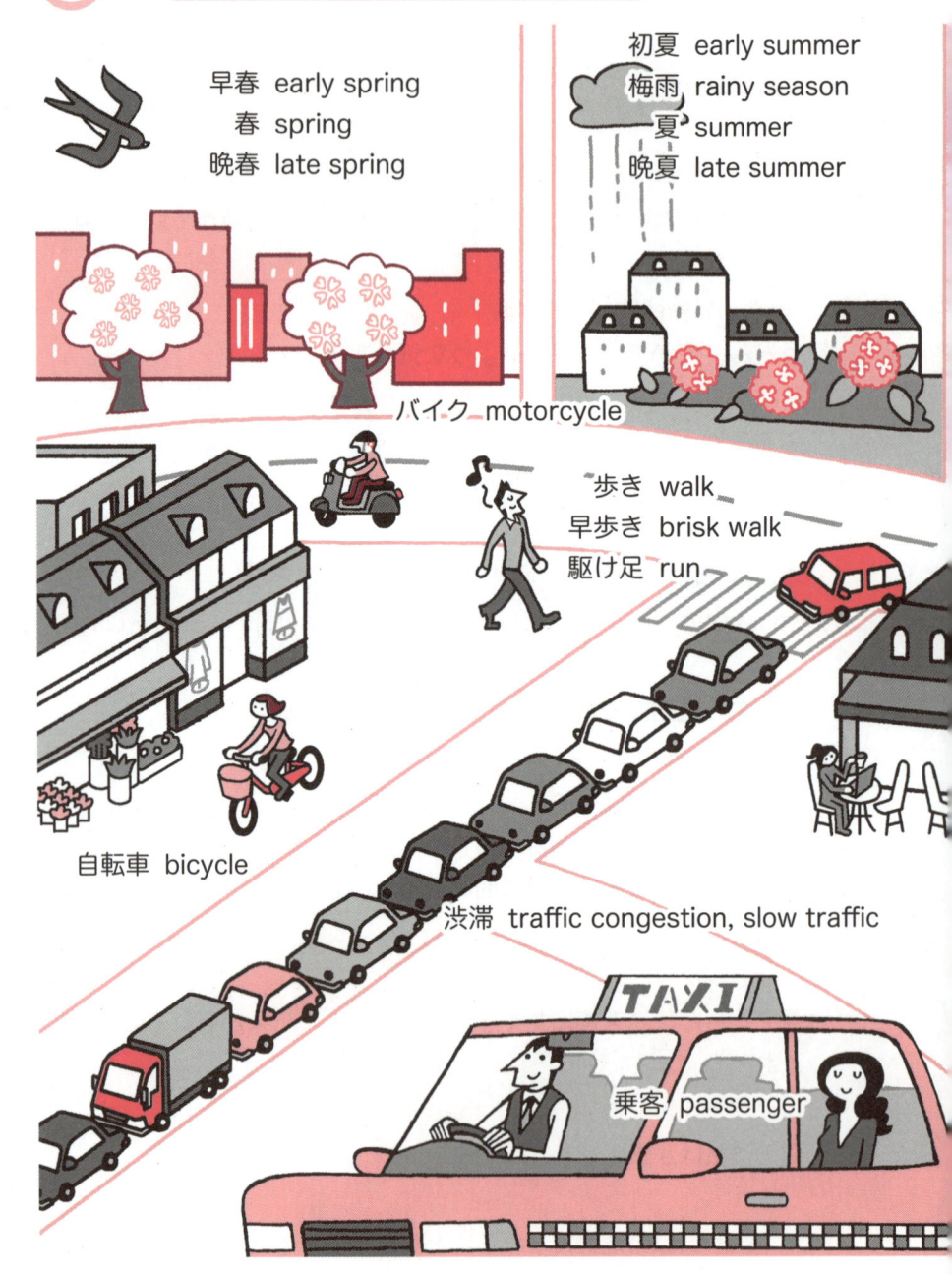

早春　early spring
春　spring
晩春　late spring

初夏　early summer
梅雨　rainy season
夏　summer
晩夏　late summer

バイク　motorcycle

歩き　walk
早歩き　brisk walk
駆け足　run

自転車　bicycle

渋滞　traffic congestion, slow traffic

乗客　passenger

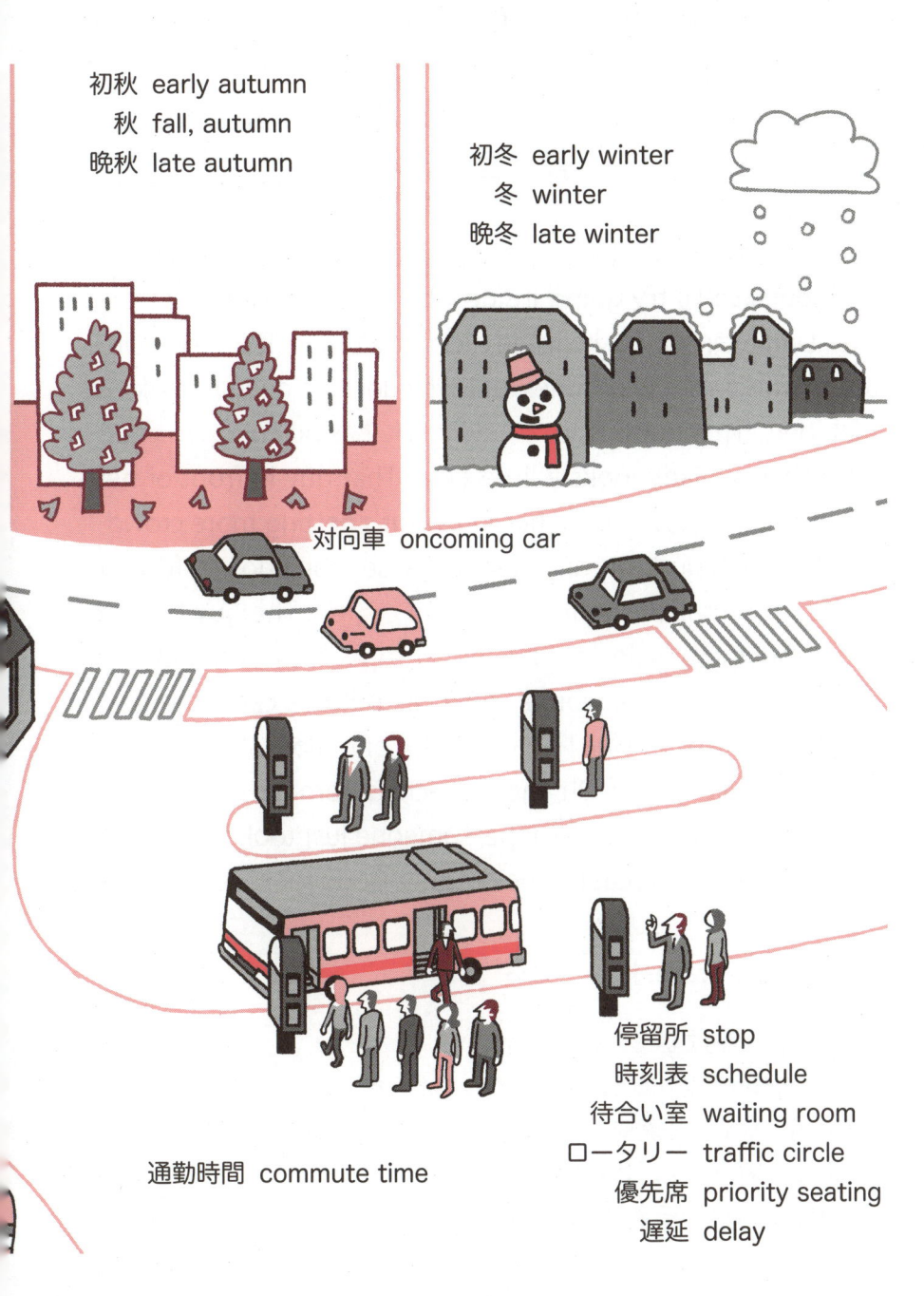

初秋　early autumn
秋　fall, autumn
晩秋　late autumn

初冬　early winter
冬　winter
晩冬　late winter

対向車　oncoming car

停留所　stop
時刻表　schedule
待合い室　waiting room
ロータリー　traffic circle
優先席　priority seating
遅延　delay

通勤時間　commute time

Scene 6　電車の中
〈人や姿や動作を表す表現〉

1　何度も聴いて、一緒に言ってみよう

track16　track17　track18
ノーマル　2倍速　3倍速

This subway line is always busy. It gets especially crowded by the doors, so I'll try going inside. This guy's backpack's in the way. Don't carry a backpack in a crowded train. It's okay to listen to music with earphones, but why does he need to make it that loud? That noise is so annoying! He has no common courtesy. That old lady looks a little tired. That guy in front of her should give up his seat for her. Oh, no, it's getting more crowded. Hey, don't push me any more because I can't go any further inside. To be safe, I should hang onto a strap. The guy behind me is moving a little weird. Is he a groper or a pickpocket? I should've got on the women-only car. But this car is the best one for an easy transfer. I'll hang on for one more station when a lot of people get off. Oh, the seat across from me on the right is open. Can I make it? Ah, nope, someone just took it. But now he just gave up his seat for the old lady. Good for him.

[Words & Phrases]

- □ busy：混んでいる、空いていない
- □ crowded：混みあった、ぎっしり詰まった
- □ in the way：邪魔になっている、行く手を塞いでいる
- □ loud：騒々しい、耳障りな、うるさい
- □ annoying：うるさい、迷惑な

- □ common courtesy：礼儀、マナー
- □ tired：辛そうな、疲れた
- □ give up one's seat for ~：~に席を譲る
- □ hang onto a strap：つり革につかまる
- □ weird：気味の悪い、変な
- □ groper：痴漢
- □ hang on：我慢する、頑張り続ける

2 訳（状況をイメージしよう）

相変わらず地下鉄のこの線は混んでるわね。扉付近は特に込むから、なるべく奥の方に入ろう。この人のリュックがじゃまだな。混んだ車内でリュックを背負うのはやめてほしいわ。それにイヤホンで音楽を聴くのはいいけど、どれだけボリュームを上げて聴いてるの？ シャカシャカうるさいわよ！ 常識がない人ね。あのお年寄り、ちょっとつらそうだな。前の人、席をかわってあげればいいのに。あぁ、また混んできた。ちょっと！ これ以上中に詰められないから、もう押さないでよ。危ないからつり革につかまろう。なんだか、後ろの人が変な動きをしている。痴漢かスリかな。こんなことなら女性専用車両に乗れば良かった。でも乗換えを考えるとこの車両が一番いいのよね。もう一駅で多くの人が降りるから我慢しよう。あ、斜め前の席が空いた。座れるかな？ あー、残念、先を越されちゃった。でもあの人、お年寄りに席を譲ってるわ。あー、えらいなぁ。

3 この表現をおぼえよう

I should've got on the women-only car.
〈should have p.p.〉は、「ーすべきだったのに」という意味で、実際にはそうしなかったことを悔やむ時に使う表現です。

Can I make it?
〈make it〉には、「うまくいく、やり遂げる、切り抜ける、時間に間に合う、出席する」等、様々な意味がありますが、ここでは「席を取るのに間に合う」という意味です。

4　関連表現

1. Where's the common courtesy these days?
   近頃は世間のマナーはどうなってるんだろう？
2. Excuse me, I need to get through.
   すみませんが、通してください。
3. How many more stops until Shinjuku station?
   新宿まであと何駅かなあ？
4. Wow, the lines are so long at the ticket vending machines!
   ああ、券売機が長蛇の列だ！
5. I wish I had a monthly pass – it would be so much more convenient.
   1カ月の定期券があれば、もっと便利になるのに。
6. I really hate riding the subways during the rush hour commute.
   通勤ラッシュ時に地下鉄に乗るのは本当に嫌だわ。
8. My bag is so heavy today, so I'd like to put it up on the rack.
   今日はカバンがすごく重いから、網棚に載せたいなあ。
9. There's no seat available, so I'll just have to hang on to a strap.
   空いている席がないから、つり革につかまるしかないな。
10. It's so late. I hope I don't miss the last train.
    だいぶ遅くなっちゃった。終電に乗り遅れなければいいけど。
11. I'll be lucky to get a seat on this packed train.
    この満員電車の中で座れたらラッキーだなあ。
12. I've never experienced being pushed into a train car before.
    電車の中に押し込まれたことは今まで一度もなかったわね。
13. When does the train arrive, and when does the train depart?
    電車はいつ到着し、いつ出発しますか？

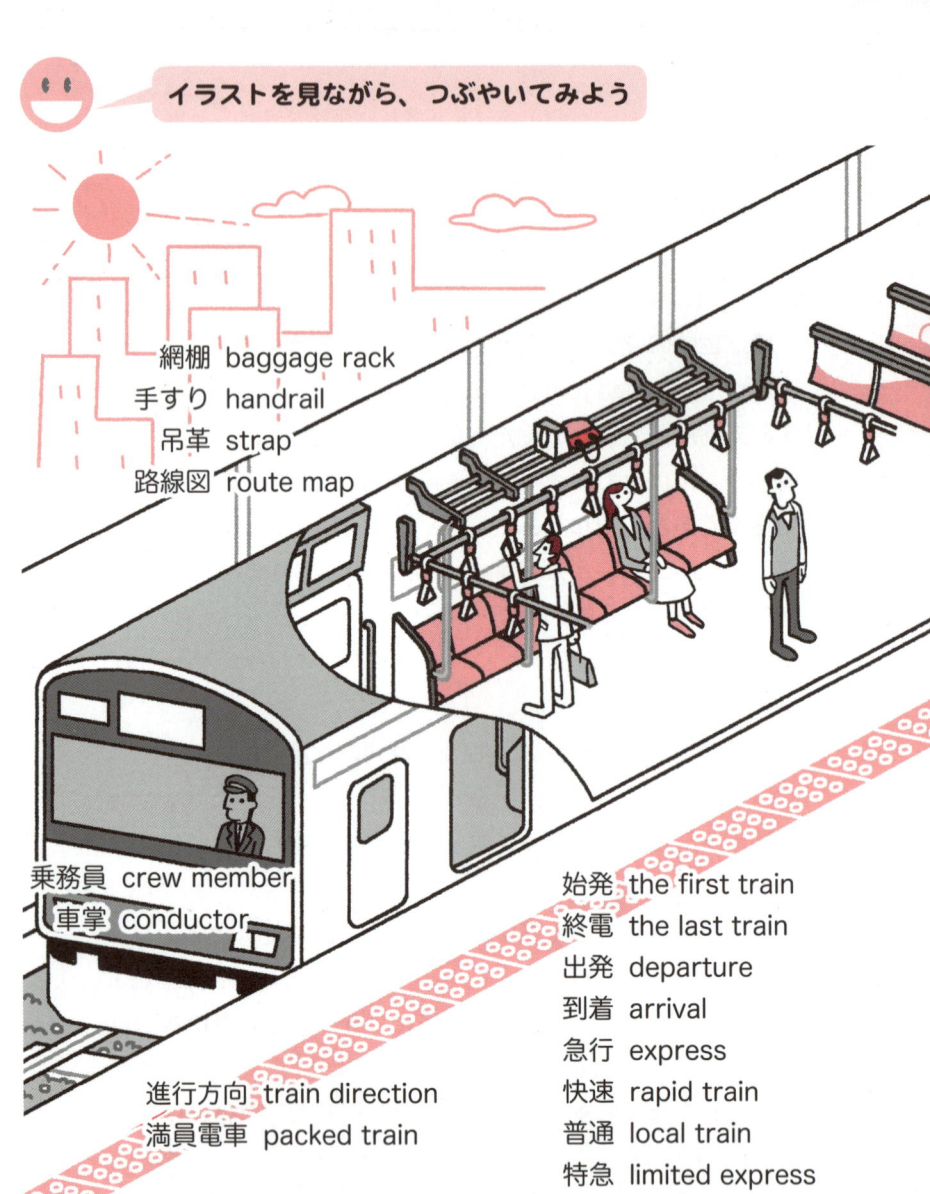

イラストを見ながら、つぶやいてみよう

網棚	baggage rack
手すり	handrail
吊革	strap
路線図	route map
乗務員	crew member
車掌	conductor
進行方向	train direction
満員電車	packed train
地下鉄	subway
鉄道	railway
ラッシュアワー	rush hour
始発	the first train
終電	the last train
出発	departure
到着	arrival
急行	express
快速	rapid train
普通	local train
特急	limited express
通勤急行	commuter express

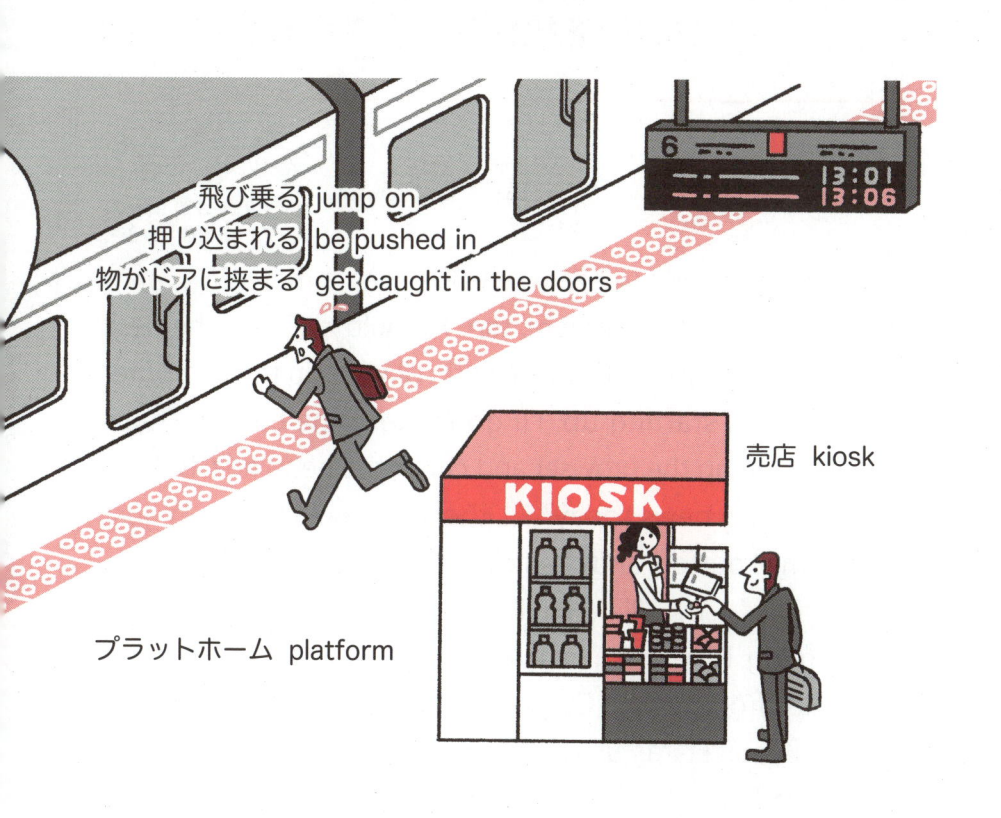

飛び乗る　jump on
押し込まれる　be pushed in
物がドアに挟まる　get caught in the doors

売店　kiosk

プラットホーム　platform

定期券　pass
切符　ticket
乗り越し精算　fare adjustment

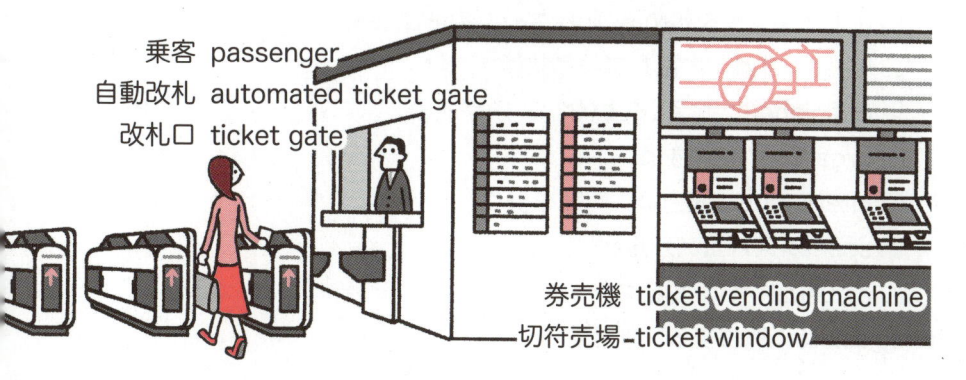

乗客　passenger
自動改札　automated ticket gate
改札口　ticket gate

券売機　ticket vending machine
切符売場　ticket window

Scene 7 メールのチェック
〈パソコンを操作するときの表現〉

1 何度も聴いて、一緒に言ってみよう

track19 track20 track21
ノーマル 2倍速 3倍速

Now, I'll get to work! Geez, my desk is such a mess. My unfinished work is just sitting there, too. I should organize the desk first. That's good. Now I'll get to work. I'll start up the computer first. While it's starting up, I'll go make some coffee. That's good. I'll open up the browser and check the news first. Is there any interesting news today? I'll check my email next. I'll just click this mail button, and then click "read mail." Geez, there is a lot of spam as usual. I'll delete it all. Oh, I got the estimate from Chuo Printing. I'll read it over later. Oh, I already got a reply from Mr. Shimizu from Yawara Corporation about yesterday's matter. They work quickly as usual. I'll reply right away, too. There, that's good. Send.

[Words & Phrases]

- □ get to ~：~を始める（56ページの解説参照）
- □ mess：乱雑、散乱している状態
- □ unfinished：完了していない、未完成の
- □ organize：整理する
- □ interesting：面白い、興味を引く
- □ spam：スパムメール
- □ as usual：いつもどおり
- □ delete：消去する、削除する

- [ ] estimate：見積書
- [ ] read ~ over：〜に目を通す
- [ ] reply：返事
- [ ] matter：事柄、問題
- [ ] quickly：速く、すぐに
- [ ] right away：すぐに、至急

2 訳（状況をイメージしよう）

さあ、仕事を始めるぞ！　それにしても僕の机って散らかってるなぁ。やりかけの仕事もそのままだ。まずは机の上を整理しよう。これでよしと。さて、仕事に取り掛かるぞ。最初にパソコンを立ち上げよう。立ち上がるのを待っている間にコーヒーを入れてこよう。よし、OK。まずはブラウザを立ち上げてニュースをチェックしよう。何か面白いニュースはないかな？　さて、次はメールをチェックしよう。このメールのボタンをクリックして、さらに「メールを読む」をクリックしてと。あぁ、相変わらずスパムメールが多いな。削除しちゃおう。おぉ、中央印刷さんから見積が届いてる。これは後でじっくり見よう。あ、やわら商事の清水さんから、早速昨日の件の返事が来ているぞ。相変わらず仕事が速いな。こちらもすぐに返事を出しておこう。よし、これで OK、送信。

3 この表現をおぼえよう

Now, I'll get to work!
〈get to ~〉は、「~に着く、~を始める、~を苦しめる」という意味を表したり、動詞の原形が続くと「−できるようになる、−できる機会を得る」という意味になります。get to work は、「職場に着く」という意味と、「仕事を始める」という両方の意味を表すので、文脈からそのどちらの意味で使われているかを決めることになります。

Geez, my desk is such a mess.
〈Geez〉は「わーっ、やれやれ、チェッ、ほんとに」など、驚き、不満、困惑、喜びなどを表す発声です。同様のものに、Man、Wow、Gosh、Shoot といった言葉があります。

4 関連表現

1. I'm buried in paperwork!
   書類仕事で身動きがとれない！
2. I'd better get to work.
   仕事にとりかからないと。
3. I need to check my email.
   メールをチェックしないと。
4. Did you get my email?
   私のメールを受け取りましたか？
5. My browser won't open.
   ブラウザが開かないなあ。
6. There doesn't seem to be a connection to the Internet.
   インターネットに接続していないようだ。
7. Check out my PowerPoint presentation!
   僕のパワーポイントのプレゼン資料を見てよ！
8. Darn! My computer froze again! I hope I didn't lose any important data.
   ちぇっ！　コンピュータがまたフリーズした！　大事なデータをなくしていなければいいけど。
9. All I received today is junk mail. I wish people wouldn't send so much spam!
   今日受け取ったのはすべてジャンクメールだ。こんなにスパムを送らないでほしいな！
10. This computer is getting so slow. I probably should get a new one.
    このコンピュータは動作が遅くなってきている。もう新しいのを買った方がいいなあ。

イラストを見ながら、つぶやいてみよう

タイムレコーダー　time clock
シュレッダー　shredder
掲示板　bulletin board
コピー機　copier
ファックス機　fax machine
プリンター　printer
トナー　toner

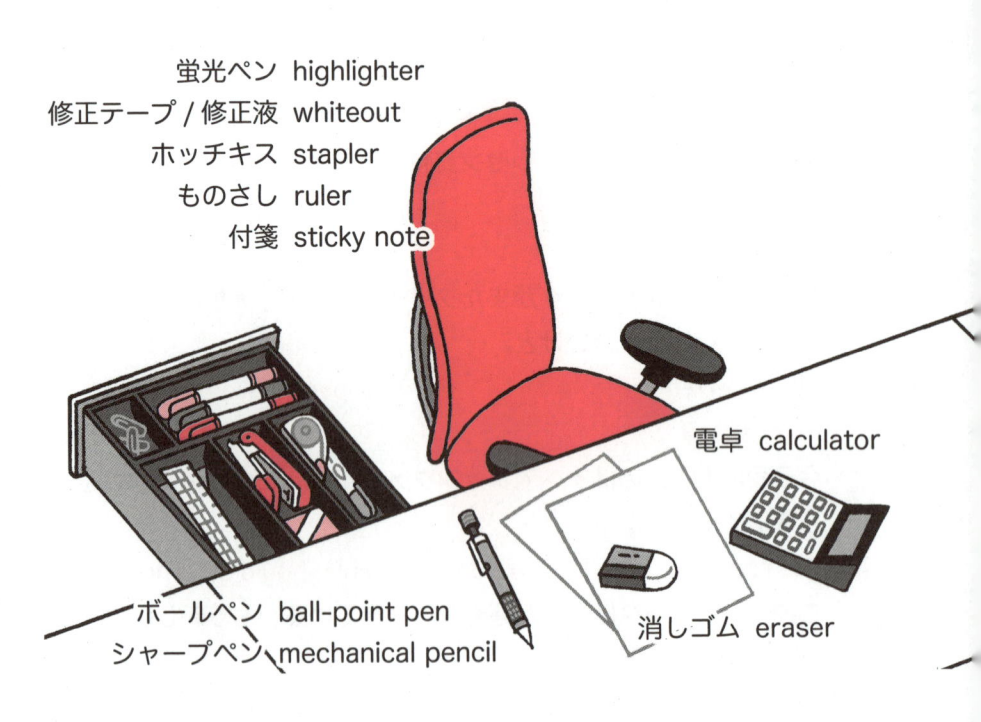

蛍光ペン　highlighter
修正テープ / 修正液　whiteout
ホッチキス　stapler
ものさし　ruler
付箋　sticky note

電卓　calculator
消しゴム　eraser
ボールペン　ball-point pen
シャープペン　mechanical pencil

ASAP	as soon as possible
cuz	because
BTW	by the way
CUL	see you later
HAND	Have a nice day

起動	start up
メールチェック	check email
ネットサーフィン	surf the net
送信	send
受信	receive
印刷	print
フリーズ	freeze
再起動	restart

ノートパソコン laptop PC

マウス mouse

電話機 telephone

デスクトップパソコン desktop PC

Scene 8　1日の予定のチェック
〈行動予定を立てるための表現〉

1　何度も聴いて、一緒に言ってみよう

track22　track23　track24
ノーマル　2倍速　3倍速

So, let me check today's schedule. First, there's a planning meeting at 10:00, so I'll organize the data. When the meeting is over, at 12:30 I'll meet the designer, Mr. Yagi at a cafe in Aoyama. We'll go over the next project during lunch. Then at 2:00 there's an important business meeting with Mr. Mizuno, the section manager of Taisei Corporation. I've got to get this contract signed. On the way back, at the bookstore by the station I will look for a book that will help with the next project, and try coming back to the office by 5:00. There's a staff get-together at 7:00, so I need to finish my work for the day by then. I also need to turn in my business trip expenses to the accounting department. Mr. Nakajima wouldn't be happy if I were late. That's about it. It'll be busy all day today, but it's worth it. I'll work hard!

[Words & Phrases]

- planning meeting：企画会議
- organize the data：資料を整理する
- go over ~：~の打ち合わせする
- get a contract signed：契約をとる
- on the way back：帰る途中で
- staff get-together：社内の親睦会

- □ turn in ~：~を提出する
- □ business trip：出張
- □ expense：経費（報告書）、出費
- □ accounting department：経理部
- □ happy：うれしい、機嫌のいい
- □ That's about it.：「こんなところかな」
- □ worth it：それだけの価値がある

2　訳（状況をイメージしよう）

さて、今日の1日の行動予定のチェックだ。まず10時から社内の企画会議があるから、それまでは資料の整理をしよう。会議が終わったら、12時30分にデザイナーの八木さんと青山のカフェで待ち合わせ。お昼を食べながら次の企画の打ち合わせをする。そして2時から渋谷でタイセイ商事の水野課長と大事な商談があるのよね。なんとしてもこの契約は取らなくっちゃ。帰りに駅前の本屋さんで次の企画の参考になる本を探して、5時には会社に戻るようにしましょう。7時には社内の飲み会があるから、それまでに今日の仕事を片付けないといけないわ。それと先週の出張の経費報告書を経理部に提出しないといけないわ。遅れると中島部長がうるさいからね。こんなところかな。今日も1日忙しいけれど、やりがいがあるわ。がんばろう！

3　この表現をおぼえよう

I've got to get this contract signed.
〈get ~ p.p.〉は、基本的には「～が－される状態を得る」ということで、文脈によって、「～を－させる、～を－してもらう、～を－される」といった訳をあてます。get の代わりに have を用いても、同じ意味を表すことができます。

It'll be busy all day today, but it's worth it.
〈worth ~〉で「～の価値がある、～するに値する」という意味です。この文における worth it は、「時間や手間をかけるだけの価値がある」という意味の、口語的な決まり文句です。

4　関連表現

1. This week is going to be extremely busy with so many meetings.
   今週はミーティングがすごく多いから滅茶苦茶忙しくなりそう。
2. My meeting at 8:00 in the morning is perhaps the most important meeting of the day.
   午前8時のミーティングはおそらく今日一番重要なミーティングだわ。
3. I will be meeting with a very important client at 3:00 in the afternoon.
   午後3時に非常に重要なクライアントと会うのよね。
4. Next week might not be as busy as this week, as far as meetings go, but I will have lots to do.
   ミーティングに限れば来週は今週ほど忙しくないけど、やることはたくさんあるわね。
5. I obtained three brand-new big clients last month, but now I am swamped with projects.
   先月新規の大口顧客を3つとったけど、今ではプロジェクトに圧倒されているなあ。
6. Sometimes, I work well into the evening just to stay caught up with everything I need to do.
   やるべき仕事すべてに追いついて行こうとするだけで夜遅くまで働くこともあるわ。
7. I have a lunch meeting exactly at noon today at the restaurant across the street.
   今日は12時きっかりに通りの向かい側にあるレストランでランチミーティングがあるわね。

イラストを見ながら、つぶやいてみよう

1月 January	5月 May	9月 September
2月 February	6月 June	10月 October
3月 March	7月 July	11月 November
4月 April	8月 August	12月 December

12

日	月	火	水	木	金	土
		1	2	3	4	5
6	7	8	9	10	11	12
13	14	15	16	17	18	19
20	21	22	23	24	25	26
27	28	29	30	31		

日曜日 Sunday
月曜日 Monday
火曜日 Tuesday
水曜日 Wednesday
木曜日 Thursday
金曜日 Friday
土曜日 Saturday

正午　noon
昼間　daytime
午後　afternoon
夕方　evening
夜　night
夜中　midnight

今年　this year
来年　next year
昨年　last year

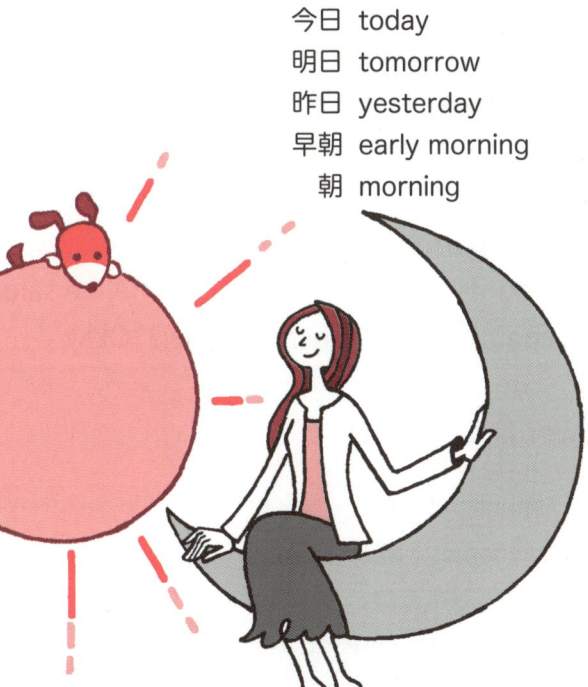

今日　today
明日　tomorrow
昨日　yesterday
早朝　early morning
朝　morning

今月　this month
来月　next month
先月　last month

Scene 9 昼食
〈食べるときの表現〉

1 何度も聴いて、一緒に言ってみよう

track25 track26 track27
ノーマル 2倍速 3倍速

I'm hungry. It's almost lunch time. What should I eat today? I had soba noodles yesterday, so maybe I'll have a beef bowl today. I feel a little lonely going by myself, so maybe I'll ask the newcomer, Ms. Tsuchiya out for lunch. Then a beef bowl wouldn't work. That restaurant with good hamburger steaks may be good, and it has a nice atmosphere. But wait a minute. If I invited her to lunch, I would need to pay, and since it's before payday, I don't have much money. I guess I'll eat by myself. It's crowded around this time and expensive if I go out to eat, so I'll get take-out. What should I get? It's either a bento lunch at the Hoka Hoka Bento, or to make it even cheaper, some rice balls at the convenience store. Oh, yeah! Why not have someone buy me lunch? In this case, I should ask the kindest person in the department, Mr. Seki. The other day, when I went to a meeting with him before lunch time, he said, "Why don't we talk about this over lunch together?" Okay, that's the plan!

[Words & Phrases]

- almost：ほとんど
- newcomer：新人
- work：役に立つ、うまく行く
- atmosphere：雰囲気

- □ Wait a minute.：ちょっと待てよ
- □ invite ~ to ...：〜を…に誘う
- □ payday：給料日
- □ Why not －？：－したらどう？
- □ buy ~ lunch：〜に昼食をおごる
- □ the other day：先日、この間
- □ That's the plan.：「これでいこう」

2 訳（状況をイメージしよう）

お腹すいたなぁ。もうすぐお昼だ。今日は何を食べようかな？　昨日はそばを食べたから今日は牛丼にしようかな。一人で行くのも寂しいから、新人の土屋さんをお昼に誘ってみようかな。だとすると、牛丼じゃだめだ。ハンバーグステーキのおいしいあのレストランならいいかも。雰囲気もいいし。でもちょっと待てよ。誘うとしたらやっぱり僕がおごらないといけないし、給料日前であんまりお金がない。ひとりで食べることにしよう。外に食べに行くとこの時間は混むし高くつくから、何か買ってこよう。何がいいかな？　ほかほか弁当で弁当を買うか、もっと安く済ませるためにコンビニでおにぎりにしようかな。そうだ！　いっそのこと誰かにおごってもらおう。この場合、部内で一番やさしい関課長がいいな。この前もお昼前に仕事の打ち合わせに行ったら、「じゃあ、一緒に昼飯食べながら話そうか」って言ってくれたし。よし、これで決まり！

3　この表現をおぼえよう

Why not have someone buy me lunch?
　〈Why not －?〉は「－したらどう？」という意味で、何かを勧める時の表現です。
　〈have ~ －〉は、基本的には「～が－する状態を持つ」ということで、「～に－させる、～に－してもらう」という意味になります。getを使うこともでき、その場合は〈get ~ to －〉という形になります。

Why don't we talk about this over lunch together?
　〈Why don't we －?〉は「一緒に－しませんか？」というように、人を誘う時に用いる表現です。

4　関連表現

1. I'm tired of the same old thing for lunch every single day.
   毎日毎日昼食で同じものを食べるのにうんざりだ。
2. I think I want to do something different for lunch today.
   今日はランチでいつもと違ったものを食べたい。
3. I feel like Italian food tonight after work. How about you?
   今夜は仕事が終わった後イタ飯を食べたいな。君は？
4. That sounds great! I love pasta and a good zesty sauce!
   それはいいね！　パスタと風味豊かなソースが大好きなんだ！
5. You and your half-baked ideas! That will never work!
   考えが甘いね！　それではうまくいかないよ！
6. No one liked the bread because it was only half-baked.
   パンは生焼けだったので、誰も気に入らなかった。
7. These fries aren't salty enough. Could you pass the salt, please?
   このフライドポテトは塩味が足りない。塩をとってください。
8. These spring rolls are absolutely delicious! You should try them!
   この春巻は絶対においしいよ！　君も食べてごらん！
9. Maybe we can all chip in and order some pizza.
   お金を出し合ってピザを頼もう。
10. Let's all go out to the new Korean barbecue restaurant tonight.
    今夜はみんなで新しい韓国焼肉料理店に行こう。
11. This steak is not cooked enough for me. I like mine well-done, not rare.
    このステーキは僕の好みに焼けていない。レアではなくウェルダンが好きなんだ。

イラストを見ながら、つぶやいてみよう

パリパリした	crispy
ぬるぬるした	slimy
（なま）ぬるい	lukewarm / tepid / not hot enough
（パン等）生焼けの	half-baked
味が濃い［薄い］	strong [weak]
脂っこい	greasy
熱い［冷たい］	hot [cold]
塩辛い・しょっぱい	salty
甘い	sweet
（香辛料等の）甘い	mild
苦い	bitter
酸っぱい	sour
おいしい	delicious / tasty / good / nice
（スパイスが効いて）辛い・ピリッとした	spicy / hot

ランチセット lunch set

寿司 sushi

うどん udon noodles

そば soba noodles

豚の生姜焼き ginger pork

焼肉 Korean barbecue

丼ぶり bowl

ハンバーグ hamburger steak

カレーライス curry with rice

パスタ pasta
オムライス rice omelette
シチュー stew
パエリヤ paella

グラタン au gratin

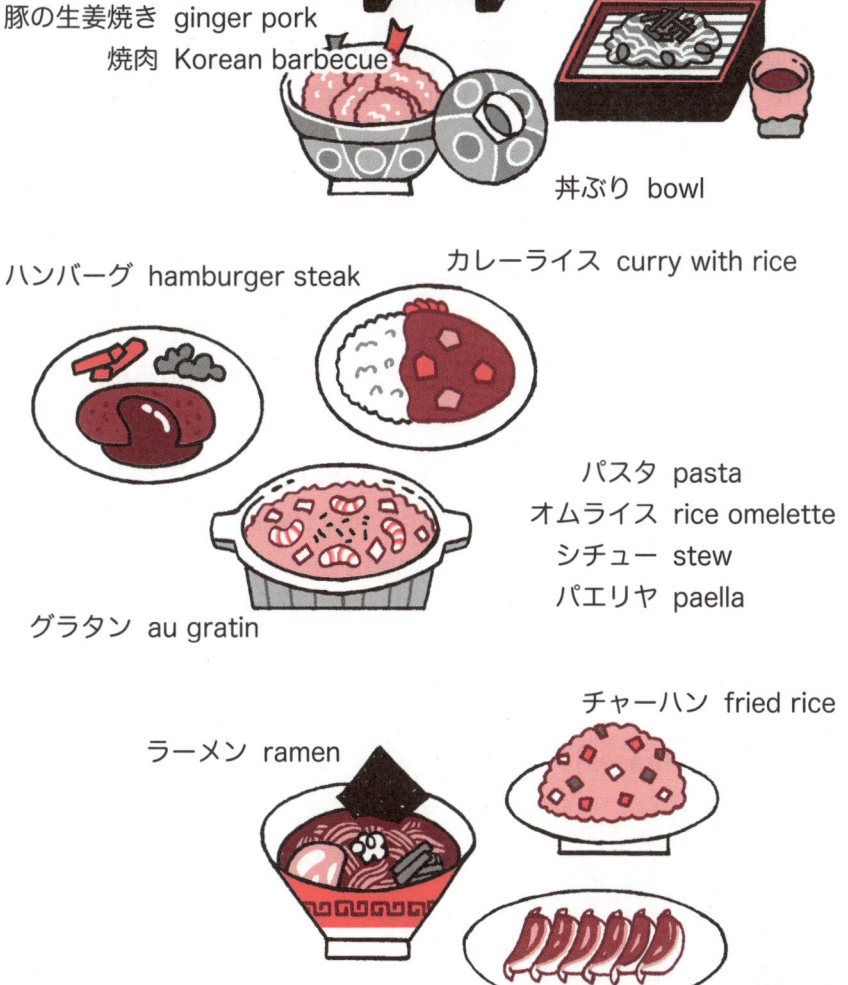

チャーハン fried rice

ラーメン ramen

春巻き spring roll

餃子 pot sticker

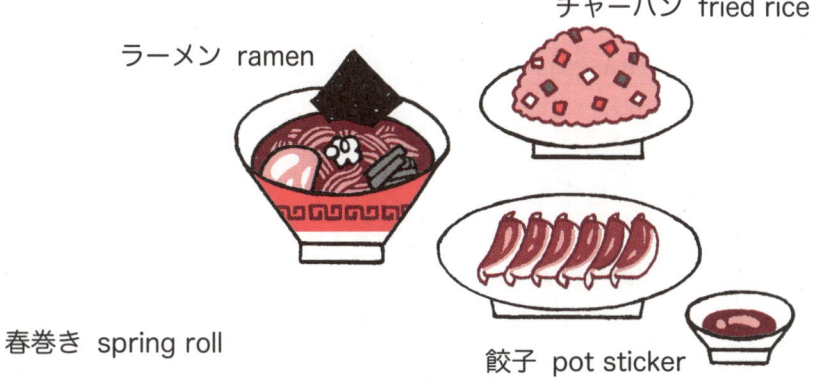

Scene 10 電車の乗り継ぎ
〈電車に乗るときの表現〉

1 何度も聴いて、一緒に言ってみよう

track28 track29 track30
ノーマル 2倍速 3倍速

Well, how do I get to Omote-sando from Shinjuku? It would be more expensive if I change trains from the JR lines to the subway lines, so I'll just take the subway only. There are two ways. One way is to go to Shinjuku-sanchome, transfer to the Fukutoshin Line, and then transfer to the Chiyoda Line at Meiji-jingumae. The other way is to transfer to the Ginza Line at Akasaka-mitsuke. When I checked online before I left the office, the fastest way was supposed to be the first way with two transfers, but the transfers are a pain. I would need to walk, too. If I go via Akasaka-mitsuke, I wouldn't need to walk that much to transfer, and best of all, there's only one transfer. Okay, I'll go via Akasaka-mitsuke. How much is the ticket? 160 yen. That's right, I can use my Suica card for the subway, too. But how much do I have left on that? I'll charge 1000 yen to it just in case.

[Words & Phrases]

- how：どのように、どうやって
- get to ~：〜に着く
- expensive：お金がかかる、高価な
- transfer：乗り換える
- check online：インターネットで検索する
- leave：出発する、離れる

- [ ] be supposed to －：－することになっている
- [ ] pain：面倒なこと
- [ ] via ~：~経由で
- [ ] best of all：何よりも
- [ ] how much：いくら
- [ ] charge：ＩＣカードにお金をチャージする、入れる
- [ ] just in case：念のため

2 訳（状況をイメージしよう）

さ〜て、新宿から表参道に行くにはどうすればいいんだっけ？　JRから地下鉄に乗り継ぐと料金が高くなるから地下鉄だけで行こう。行き方としては二通りね。新宿３丁目に出て副都心線に乗り換えて、明治神宮前で千代田線に乗り換えていく方法。もう一つは赤坂見附で銀座線に乗り換えていく方法。会社を出る前にインターネットで検索したら、最初の二回乗り換える方法が一番時間的に速いって出たんだけど、乗換えがめんどうよね。歩かないといけないし。赤坂見附経由だと乗り換えにさほど歩かないし、何より乗換えが一回で済む。よし、赤坂見附経由で行こう。切符はいくらかな？　160円か。そうだ、地下鉄も"Suica"が使えるんだったわ。でも残額がいくらあったかなあ？　念のために1,000円だけチャージしておこう。

3 この表現をおぼえよう

The fastest way was supposed to be the first way with two transfers.
〈be supposed to −〉は、「−することになっている、−するはずである」という意味ですが、過去形で用いられると、「−することになっていたが、実際にはそうしなかった」とか、「−することになっていたが、実際には悪い面もあった」という否定的なニュアンスを含むことがあります。

I'll charge 1000 yen to it just in case.
〈just in case〉で「念のため」という意味ですが、〈(just) in case S V〉という形で、「S が V するといけないから、S が V する場合に備えて」という使い方もよく用いられます。

4 関連表現

1. What's the best way to get to Tokyo Station from here?
   ここから東京駅に行くのに一番いい方法は何ですか？
2. I commute by bus. How do you get to and from work?
   私はバス通勤。あなたはどのように通勤しますか？
3. My work is close enough so I can commute by bicycle.
   私の職場は近いから自転車で通勤できるの。
4. Using mass transit is better for the environment than going everywhere by car.
   どこに行くにも車に乗るより公共の交通機関を使ったほうが環境にいいわ。
5. I might consider using public transportation if it weren't so inconvenient.
   そんなに不便でなかったら公共輸送機関を使うことを考えるんだけどなあ。
6. It takes me an hour and a half to go by train, and it only takes 30 minutes by car.
   電車で行けば1時間半かかるけど、車なら30分なの。
7. If you take the train, you can make use of your time by reading a book.
   電車に乗れば読書で時間を有効活用できるわ。
8. I'd rather put in an audio book and listen to a book while I drive.
   運転中はオーディオブックをかけて聴いていたいわ。
9. To save time, some people put on their makeup while on the subway.
   時間を節約するために、地下鉄の中で化粧する人もいるわよね。

イラストを見ながら、つぶやいてみよう

ハンカチ　handkerchief
ティッシュ　tissue, Kleenex
爪切り　nail clipper
爪やすり　file
文庫本　paperback
メモ帳　memo pad
チーク　blush
口紅　lipstick
手帳　schedule book
チークブラシ　blush brush
ネイルリムーバー　nail color remover
鏡　mirror
マニキュア　manicure
携帯　cell phone
定期入れ　pass case
マスカラ　mascara
化粧ポーチ　makeup bag

筆箱　pen case

裁縫セット　sewing kit

乗り換え　transfer
乗継　connecting ride
遅延　delay
信号機事故　signal malfunction
地下鉄　subway

ファンデーション　foundation
フェイスブラシ　face brush
アイブロウ　brow
アイライナー　eyeliner

書類　paperwork
お財布　wallet
封筒　envelope
名刺入れ　business card holder

Scene 11 会社訪問
〈道順に関する表現〉

1 何度も聴いて、一緒に言ってみよう

track31　track32　track33
ノーマル　2倍速　3倍速

(Outside the ticket gate) Well, which way do I need to go? I should check the map. First, I need to find exit number 9. Where is the sign showing me where the exit is? Ah, there it is. I'll go up this elevator... there's exit 9. I need to turn right after crossing the first crosswalk, go past the bookstore, past the drug store, and turn left at the second crosswalk. Then I need to keep going straight, go past the convenience store, and it should be the next building. The manager said it's about a 5 or 6 minute-walk. I'm not good at directions, so I'm worried about getting lost. Well, I have enough time to spare, so I can ask someone if I can't find it. There! This is the building. I should check the tenant list, too. Yep, the 7th floor. Now I got here too early. I need to kill some time before the appointment starts. I need to use a restroom, too, so I'll go have a cup of coffee at the Starbucks that I saw on the way here.

[Words & Phrases]

- ticket gate：改札口
- show：示す
- crosswalk：交差点
- go past ~：~を通り過ぎる
- keep going straight：まっすぐ進み続ける

- □ be not good at directions：方向音痴である
- □ be worried about ~：~が心配である
- □ get lost：迷子になる、道に迷う
- □ time to spare：自由に使える時間、空いた時間
- □ tenant：入居者、テナント
- □ kill time：時間をつぶす
- □ restroom.：トイレ

2 訳（状況をイメージしよう）

（改札を出たところで）さて、どっちへ行けばいいんだっけ？ 地図で確認しよう。まずは９番出口を探さなきゃ。出口の表示がどこかにないかな？ あ、あった。このエスカレーターを上れば９番出口ね。それから最初の交差点を渡ったところを右に曲がる。本屋さんを越えて、薬局を越えて、二つ目の交差点を左に曲がる。それからまたまっすぐ行ってコンビニを越えて、その隣のビルが目的地ね。歩いて５、６分くらいだって課長が言ってたっけ。私、方向音痴だから迷わないか心配だわ。まあ、時間的には余裕があるから、わからなかったら誰かに聞こう。あった！ このビルだわ。ビルのテナント名も確認しておこう。うん、７階で間違いない。だいぶ早めについちゃったわ。アポイントの時間までまだあるからどこかで時間をつぶさなきゃ。トイレも行っておきたいので、途中にあったスターバックスでコーヒーでも飲もう。

3 この表現をおぼえよう

It should be the next building.
　この should は「ーするべきだ」という意味ではなく、「（当然）ーするはずだ」という意味で、非常によく用いられる用法です。

I need to use a restroom.
　トイレを意味する語は、restroom [rest room] 以外にも、washroom、bathroom、lavatory、toilet、men's room、ladies' room など様々なものがあります。使い分けで気をつけるべき点は、restroom や washroom は公共のトイレを表し、家庭内のトイレには bathroom を用いるということです。また、toilet という語は、やや下品な印象を与えます。

4　関連表現

1. My sense of direction is not so good. I always get turned around.
   私って方向感覚があまりよくないのよね。いつも迷っちゃう。
2. As long as I stay on a major street, I shouldn't get lost.
   大通りにいるかぎり、道に迷うはずがないわ。
3. I think I'm going to stop at that convenience store and ask for directions.
   あのコンビニに寄って道を尋ねよう。
4. While I'm here, I might as well grab a snack and something to drink.
   ここにいる間に、スナックと何か飲み物をとったほうがいいわね。
5. Oh, there's a bank. I can get some cash for this evening.
   あっ、銀行がある。今晩使う現金を引き出すことができるわ。
6. Go straight until you reach a T in the road, and then, make a right.
   T字路までまっすぐ行き、そこから右に曲がってください。
7. I was supposed to meet her by the ticket gate at the west entrance.
   西口の改札口のあたりで彼女と会うことになっていたんだけど。
8. If she doesn't show up soon, I'll call her cell phone.
   もし彼女がすぐに現われなければ、携帯に電話しよう。
9. I think I'll buy me a coffee at the vending machine.
   自動販売機でコーヒーを買おう。
10. I know it's got to be around here somewhere.
    このあたりのどこかであるはずなんだけど。
11. Oh, I didn't know that there was a movie theater in this area.
    ああ、このあたりに映画館があるのは知らなかったわ。
12. Oh, the light's green, so I guess I can cross the street now.
    あっ、信号が青だから今横断できるわね。

イラストを見ながら、つぶやいてみよう

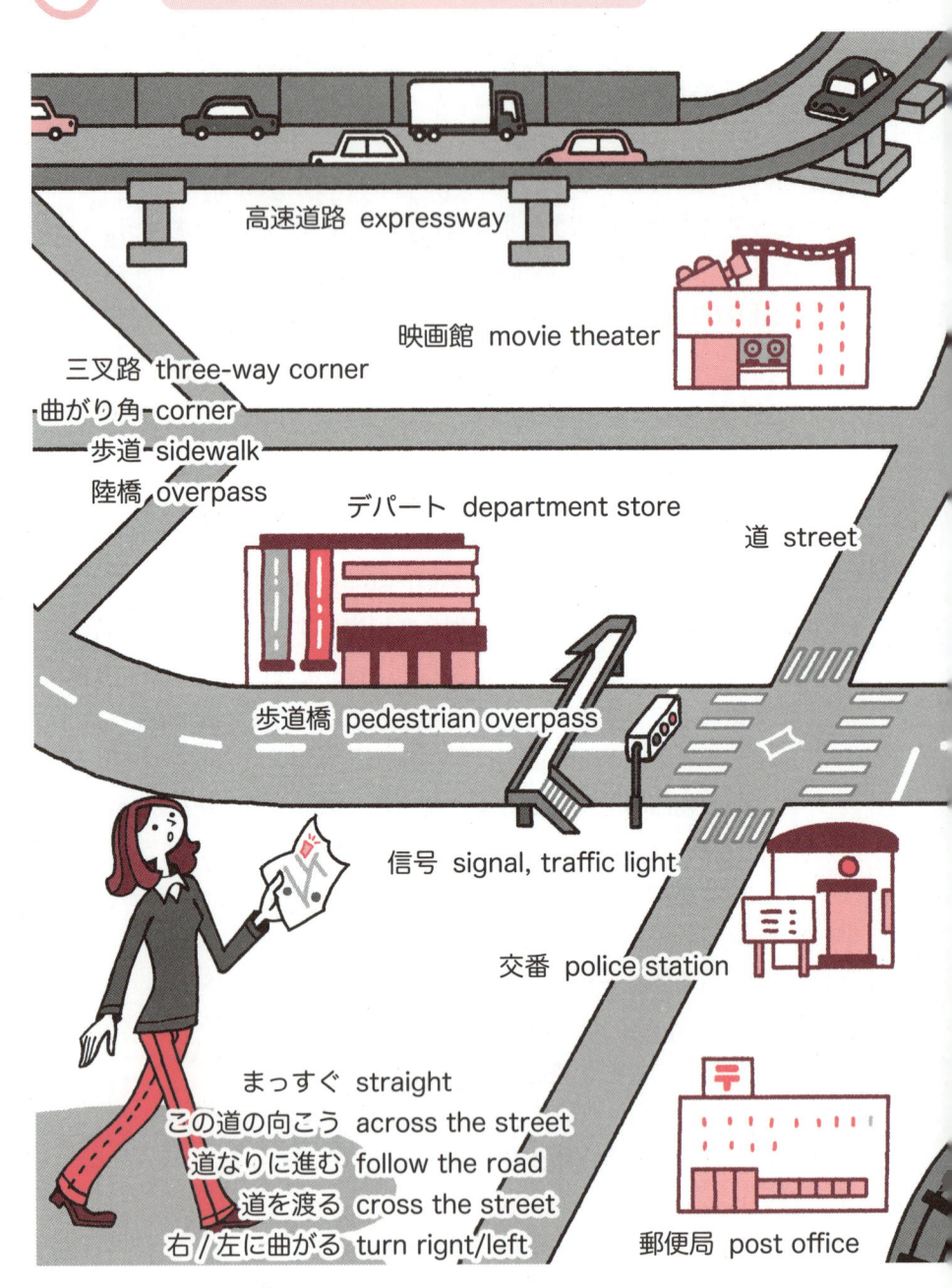

高速道路 expressway
映画館 movie theater
三叉路 three-way corner
曲がり角 corner
歩道 sidewalk
陸橋 overpass
デパート department store
道 street
歩道橋 pedestrian overpass
信号 signal, traffic light
交番 police station
まっすぐ straight
この道の向こう across the street
道なりに進む follow the road
道を渡る cross the street
右/左に曲がる turn rignt/left
郵便局 post office

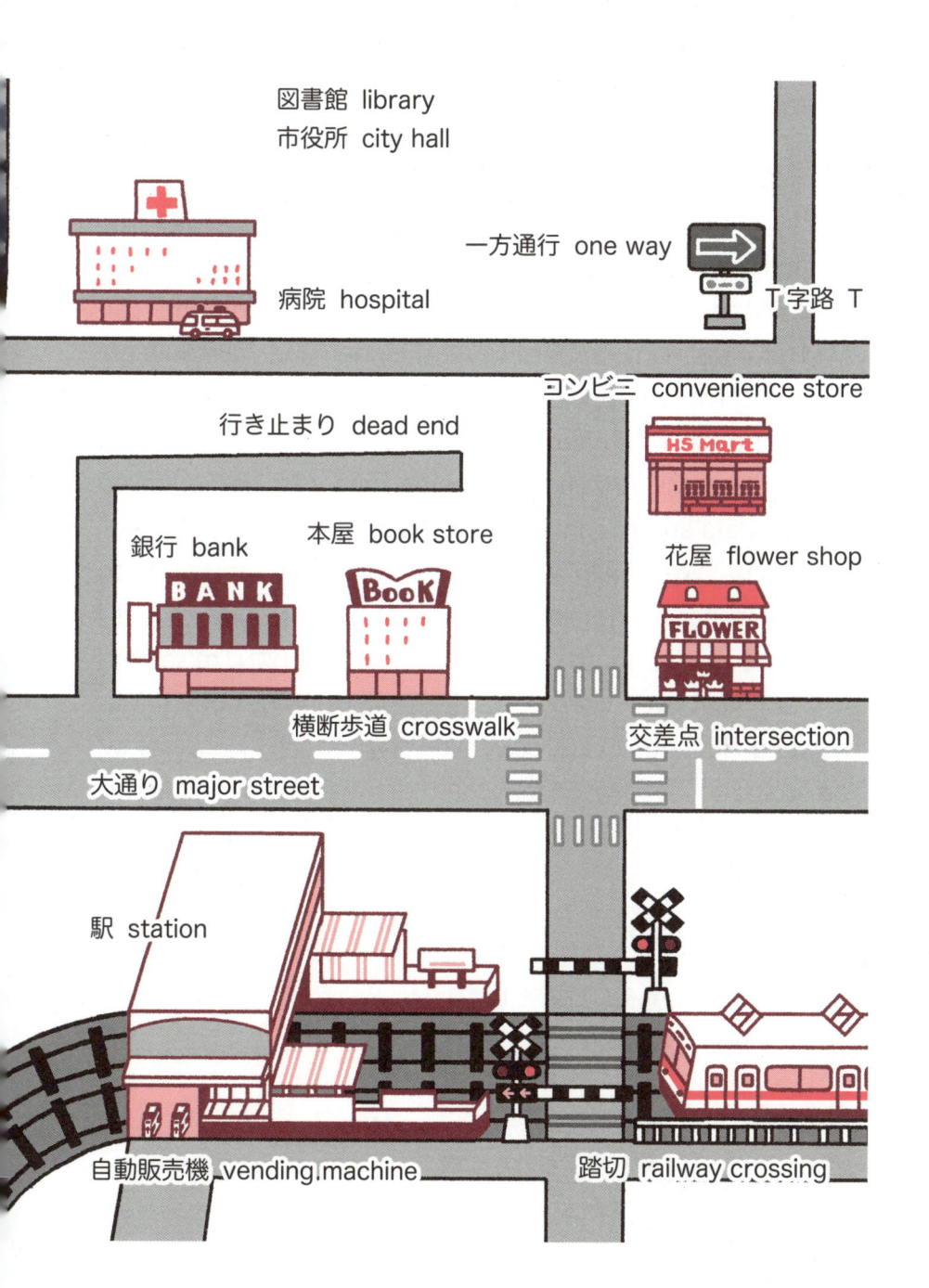

図書館 library
市役所 city hall
一方通行 one way
病院 hospital
T字路 T
コンビニ convenience store
行き止まり dead end
銀行 bank
本屋 book store
花屋 flower shop
横断歩道 crosswalk
交差点 intersection
大通り major street
駅 station
自動販売機 vending machine
踏切 railway crossing

Scene 12 交渉成立のよろこび
〈感情を表す表現〉

1 何度も聴いて、一緒に言ってみよう

track34 track35 track36
ノーマル 2倍速 3倍速

I did it! I got a big contract signed! My efforts have finally paid off. Thinking back, it's been tough for the past few months. I almost gave up many times because their demand was too high. But I did it! I'm so happy! I owe this to Mr. Kaneko who believed in me for this assignment. I've got to call him right away. Also, I should thank Ms. Arizono who helped me with gathering up the past data and making the presentation materials. Mr. Sakai was saying, "We should toast if the contract goes through," so we should have a get-together tonight. I'm so happy that I should be careful not to get carried away. My gosh, I'm so happy that I can't even keep a straight face. Hope nobody thinks I'm weird. But I don't care. I can even strike a victory pose. Now, I am going to give myself maximum praise for a job well-done. I did a good job!

[Words & Phrases]

- pay off：報われる、成果を上げる
- think back：思い返す、振り返る
- owe ~ to ...：~は…のおかげである
- believe in ~：~を信じる
- assignment：割り当てられた仕事
- toast：祝杯をあげる

- [ ] go through：通過する、完了する
- [ ] get carried away：はめをはずす、図に乗る、われを忘れる
- [ ] My gosh.：「えっ」、「おや」(驚きを示す表現)
- [ ] can't keep a straight face：うれしさを隠せない
- [ ] strike a victory pose：ガッツポーズをとる
- [ ] give myself praise：自分自身をほめる
- [ ] maximum：最大の

2 訳（状況をイメージしよう）

やった～！　大きな契約が取れたわ！　これで今までの苦労が報われるわ。思えばこの数ヶ月、苦労の連続だった。先方の要望があまりにも高すぎて何度もあきらめそうになった。でもやったわ！　本当にうれしい！　これも私を信じて任せてくれた金子課長のおかげよね。すぐに電話で知らせなきゃ。それと過去のデータをそろえたり、資料作成を手伝ってくれた有園さんにもお礼を言わなくっちゃ。酒井君が「契約が決まったら祝杯をあげましょう」って言ってくれてたから、今夜は飲み会ね。うれしすぎてはめを外さないようにしなくっちゃ。あ～、さっきからうれしすぎて頬が緩みっぱなしだわ。回りの人から変なヤツだと思われなきゃいいけど。でも、そんなの関係ないわ。ガッツポーズだってとっちゃう。まずは今の自分を最大限ほめてあげよう。よくやったわ、私！

3 この表現をおぼえよう

I did it!
〈I did it!〉で「やった！、成功だ！」という意味になる慣用表現です。I 以外の主語でも用いることができます。

I almost gave up many times because their demand was too high.
この〈almost〉は、「危うく―しそうになる」ということで、実際にはそうならなかったが、危ないところだったという意味で使われます。almost の代わりに、nearly、just about といった語句も用いられます。

We should toast if the contract goes through.
条件を表す副詞節中では、未来のことであっても現在形が用いられます。

4 関連表現

1. What a great day this has been!
   今日はいい一日だなあ！
2. That was fun! I guess I didn't have to be so worried about it.
   楽しかった！　そんなに心配しなくてもよかったみたい。
3. I wonder what's wrong with (him , her).
   （彼、彼女）はどうしたんだろう。
4. If he does that again, I swear I'm going to lose it!
   もし彼が再びそれをやったら、私は絶対にキレるわよ！
5. She is the most annoying person I know.
   彼女は私が知っている中で一番うっとうしい人だわ。
7. Slow down! You're gonna hit someone! Man, that was a close call!
   スピードを落として！　誰かにぶつかるよ！　あー、危機一髪だった！
8. I was just trying to cut a few corners, but now I'm in trouble.
   ２、３度手を抜こうとしただけなんだけど、今になってツケが回ってきたわ。
9. Oh, he slipped and fell! I'm sure he is really embarrassed!
   あ、あの人、滑って転んだ！　きっと本当にバツが悪いだろうなあ！
10. I didn't get the contract signed, so I'm very disappointed.
    契約がとれなかったから、とてもがっかりだわ。
11. Getting this job is like a dream come true!
    こんな仕事につけるなんて、まるで夢みたい！
12. I'm so ashamed. I should have been able to finish the project on time.
    情けないわ。プロジェクトを時間どおりにおわらせることができたはずなのに。

イラストを見ながら、つぶやいてみよう

嬉しい！ I'm happy!
喜んで！ I'd be happy to!
夢みたい。 It's like a dream.

楽しい！ It's fun!
楽しみ！ I can't wait!
楽しんでる？ Are you having fun?

はずかしい embarrased

信じられない！ I can't believe it!
本当？ Really?
どうしたの？ What's wrong?

すごい！ Great!
感動！ I'm moved/touched!
最高！ Awesome!

キレる lose it
ムカつく be annoyed
腹が立つ be irritated

最悪 couldn't be any worse
かなしい sad
がっかり disappointed

心配 I'm worried.
いやな予感がする I have a bad feeling.

やりすぎた I got carried away.
どうしよう What should I do?

怖い！ Scary!
危なかった… That was a close call…
すごく怖い I'm very scared.

困った… I'm in trouble…
まずいなぁ That's not good.
悪気はなかった I didn't mean any harm.

Scene 13 会議の準備
〈交渉に関する表現〉

1 何度も聴いて、一緒に言ってみよう

track37　track38　track39
ノーマル　2倍速　3倍速

I have to get ready for the meeting. I'll copy the presentation materials. There are 8 participants today. I'll make 9 copies including an extra. I'll straighten up the corners and staple them. Done. I can't make enough samples for everyone, but three would be enough for them to pass around. It starts at 4:00, so I should go into the room early for set-up. I'll ask Ms. Hirata to prepare tea. The meeting room should be reserved, but I should use the intercom and double-check with the general affairs department to make sure. I wonder if the agenda on the memo will work okay. I'm getting a little nervous. I believe some management members will be joining the meeting today. If I make a bad impression, I might lose a chance for a promotion. But on the positive side, this could be an excellent chance to make myself known to the management team. Okay, I'll do my best.

[Words & Phrases]

- participant：参加者
- straighten up ~：~をきちんとする、整頓する
- pass around：順番に回す
- double-check：二重にチェックする、再確認する
- general affairs department：総務部

- [ ] agenda：議事、協議事項
- [ ] nervous：緊張した、神経質な
- [ ] management members：役員、経営陣
- [ ] lose a chance：チャンスを失う
- [ ] promotion：昇進、出世
- [ ] on the positive side：前向きに考えれば
- [ ] make myself known to ~：~に自分を売り込む、アピールする

2 訳（状況をイメージしよう）

会議の準備をしなくっちゃ。プレゼンに使う資料をコピーしよう。今日の参加者は8名だったな。予備も含めて9枚コピーしよう。角をきちんとそろえてホッチキスで留めよう。よし、できた。サンプルは人数分用意できなかったけど、3つあれば回してみてもらえるから大丈夫だな。4時に始まるから早めに入ってセッティングしておこう。お茶の準備は平田さんにお願いしよう。会議室はちゃんと予約してあるはずだけど、念のために総務部に内線で確認しておこう。話す順番はこのメモに書いたとおりで大丈夫かな。なんだか緊張してきた。たしか今日の会議には役員も参加するんだよな。もし悪い印象を与えたら、出世の道が閉ざされるぞ。でも考えてみれば、役員に僕の存在をアピールする絶好のチャンスでもある。よし、がんばろう。

3 この表現をおぼえよう

It starts at 4:00.
　確定的な未来の予定を表すのに、現在形を用いることができます。

This could be an excellent chance to make myself known to the management team.
　make は使役動詞で、〈make ~ p.p.〉で、「~が―されるようにさせる」ということです。make myself known は「自分自身を知られるようにさせる」ということで、「自分をアピールする」ということになります。また、make myself understood in English というと、「英語で自分自身を理解されるようにさせる」ということで、「自分の英語が通じる」という意味になります。

4 関連表現

1. Excuse me, I have an appointment with Mr. Yamamoto today at 3 o'clock.
   すみません、本日3時に山本さんとお約束しております。
2. I'm a little early, so I can just wait here until he's ready.
   少し早く着いたから、彼が来るまでここで待とう。
3. I don't want anything to go wrong, so I've got to prepare carefully.
   問題が生じないように、念入りに準備しないと。
4. I've got to make sure that all of the equipment is working properly.
   すべての機材が正しく動いていることを確認しなきゃ。
5. Let's meet in the cafeteria for lunch, and we can talk about our project.
   昼食にカフェテリアで会い、プロジェクトについて話そう。
6. It's important to make a good first-impression.
   第一印象をよくすることが重要だ。
7. One of our speakers called in to cancel, so I better revise this agenda.
   講演者の一人がキャンセルを言ってきたので、予定表を変更しておかなくちゃ。
8. I'm going to have to chair the committee meeting today since Mr. Johnson is sick.
   ジョンソンさんが病気なので、私が今日の委員会の議長を務めなきゃならないなあ。
9. Our company is being audited this week, so we have all been on edge.
   わが社は今週会計監査を受けるから、みんなピリピリしているなあ。

イラストを見ながら、つぶやいてみよう

経営最高責任者	Chief Executive Officer
会長	Chairman
社長	President
筆頭副社長	Executive Vice President
副社長	Vice President
専務	Senior Managing Director / Executive Director
常務	Managing Director
取締役	Member of the Board/Director
経理担当役員	Comptroller / Controller
非常勤役員	Outside Director
監査役	Auditor
本部長	General Manager
本部長代理	Acting General Manager / Deputy General Manager
部長	Department Manager
次長	Associate Department Manager
支店長	Branch Manager
所長	Division Manager
管理職	management
課長	Section Manager
課長代理	Acting Section Manager / Deputy Section Manager
係長	Sub-section Manager
主任	Supervisor

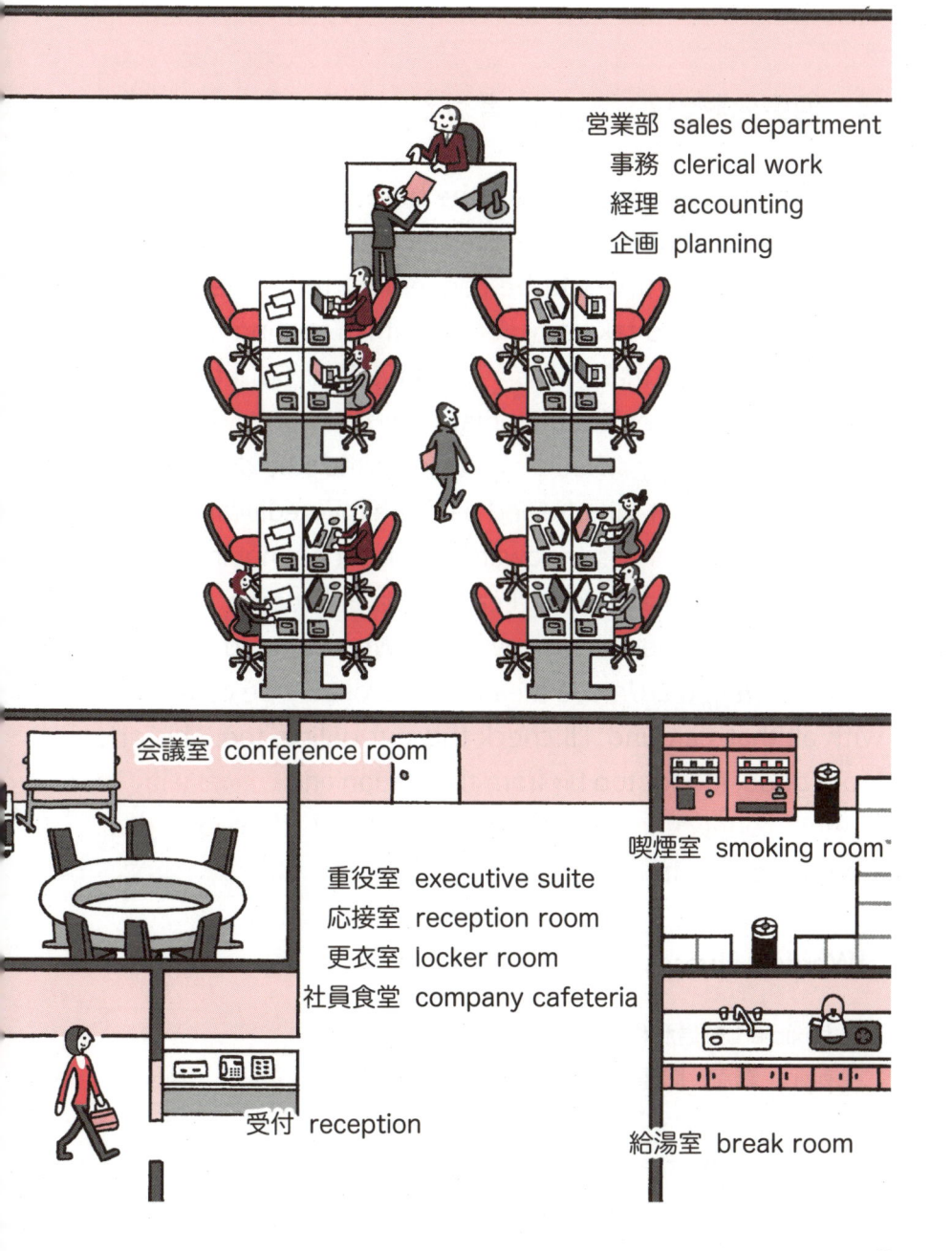

営業部	sales department
事務	clerical work
経理	accounting
企画	planning
会議室	conference room
重役室	executive suite
応接室	reception room
更衣室	locker room
社員食堂	company cafeteria
喫煙室	smoking room
受付	reception
給湯室	break room

Scene 14 出張の準備
〈出張や旅の表現〉

1 何度も聴いて、一緒に言ってみよう

track40 track41 track42
ノーマル 2倍速 3倍速

I should start getting ready for the business trip to Osaka. It's cheaper to use package tours. But not being able to be flexible might be a pain. It would be convenient to fly there, but it would be easier to take a bullet-train if I'm coming back from Kyoto, so I should make separate reservations. So, let me see… the flight. It's convenient now that I can make reservations on-line. It would fit my schedule if I reserve the 9:00 departure to Osaka-Itami. I'll get this one and pay with my credit card to earn points. I want an aisle seat towards the front but not in the center section. Ah, that's good. I can buy a bullet-train ticket the same day since there are many trains. Where should I stay this time? Hmmm, the Umeda area would probably be convenient with all that's around. I'll check this out online, too. This one looks good. It's not too far from the station and comes with an Internet connection. With breakfast included, it's a good deal. Okay, I'll reserve it.

[Words & Phrases]

- flexible：融通が利く
- pain：難点、問題、いやなこと
- fly：飛行機で行く
- bullet-train：新幹線

- ☐ separate：別々な
- ☐ make reservations online：インターネットで予約する
- ☐ fit one's schedule：〜のスケジュールに合う
- ☐ earn points：ポイントがたまる
- ☐ aisle seat：通路側の席
- ☐ come with an Internet connection：インターネットに接続している
- ☐ good deal：安い買い物、いい取引

2 訳（状況をイメージしよう）

そろそろ大阪への出張の準備をしなくちゃ。パッケージツアーで取った方が安く取れるのよね。でも融通が利かないところが難点だわ。行きは飛行機で行った方が便利がいいし、帰りは京都からだと新幹線の方が便利なので別々に予約を取ろう。えーと…まずは飛行機ね。今はインターネットで予約が取れるから便利だわ。9時発の大阪・伊丹行きだとスケジュール的にも大丈夫だわ。支払いはポイントもつくからカード決済ね。座席は前よりで、両端のセクションの通路側がいいわ。うん、これでよしと。帰りの新幹線は本数も多いから、切符は当日買えるわ。今回、宿はどうしようかな？　うーん、やっぱり梅田近辺で取った方がなにかと便利なのよね。これもネットで検索してみよう。ここ、いいわね。駅からそんなに離れてなくて、ネット接続も完備されてるし。朝食付きでこの値段はお得よね。よし、ここを予約しよう。

3 この表現をおぼえよう

Not being able to be flexible might be a pain.
　ここでは may の過去形 might が使われていますが、この文では may も might も同じ意味で用いることができます。

With breakfast included, it's a good deal.
　この with は付帯状況を表すもので、〈with ～ …〉という形で、「～が…という状態で」という意味になります。…には現在分詞（－ ing 形）、過去分詞、形容詞、副詞、前置詞句等、様々なものが入ります。この文のように過去分詞が来ると、「～が－された状態で」ということになり、「朝食が含まれた状態で」、つまり「朝食付きで」ということになります。

4 関連表現

1. Can you please tell me the frequency of the flights from Tokyo to Beijing?
   東京から北京までのフライトの頻度を教えてください。
2. I'd like a ticket to New York, please.
   ニューヨーク行きのチケットをください。
3. Could you tell me the time of the next train to Chicago, please?
   シカゴ行きの次の列車の時刻を教えてください。
4. Could you get me another blanket, please. It's a bit cold.
   毛布をもう1枚いただけませんか。少し寒いんです。
5. Excuse me, I'd like another set of headphones, please. These ones don't work.
   すみませんが、ヘッドフォンをもう1つください。これは壊れているんです。
6. Do you have any Japanese magazines or newspapers?
   日本語の雑誌や新聞はありませんか。
7. I'd like to make a reservation, please.
   予約したいのですが。
8. Are there any rooms available for April 14th through the 20th?
   4月14日から20日まで空いている部屋はありますか。
9. I'd be arriving on the 14th and leaving on the morning of the 20th.
   14日に到着し、20日の朝に出発します。
10. I'd like a single room, preferably one with a nice view.
    シングルルームで、できれば景色がいい部屋にしてください。
11. I think there is a mistake on my bill.
    請求書に間違いがあるみたいなのですが。

イラストを見ながら、つぶやいてみよう

出張 business trip
予約 reservation
受付カウンター reception desk

深夜バス late-night bus
バス発着場 bus station
バスの車庫 bus depot

直通運転 nonstop ride
運賃箱 fare box
近道 shortcut

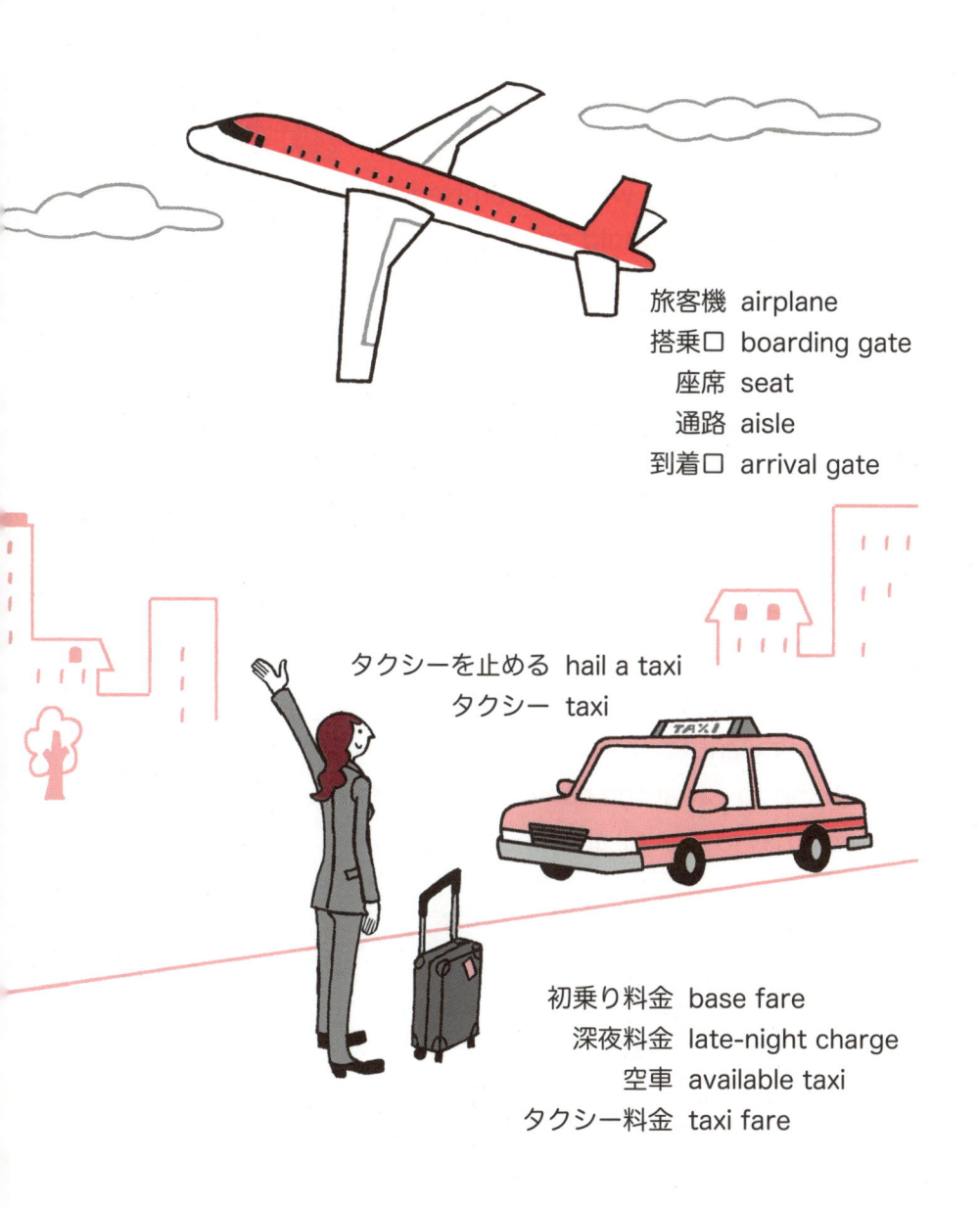

旅客機　airplane
搭乗口　boarding gate
座席　seat
通路　aisle
到着口　arrival gate

タクシーを止める　hail a taxi
タクシー　taxi

初乗り料金　base fare
深夜料金　late-night charge
空車　available taxi
タクシー料金　taxi fare

Scene 15 残業
〈時間や期間に関する表現〉

1 何度も聴いて、一緒に言ってみよう

track43 track44 track45
ノーマル 2倍速 3倍速

Oh, I can't finish my work. I promised Mr. Shimizu of Yawara Corporation that I would send the estimate today, and I also need to turn in my reconsidered proposal of the project to Mr. Ohara tomorrow morning. Okay, I'll finish those two things today. I'll only ask Ms. Akimoto to arrange the shipment of the sample. I think the rest of the work could wait till tomorrow or later. But this work wouldn't count as overtime. It's what's called volunteer overtime. It's just not fair, is it? Mr. Ohara hurried home while we are left here working so hard. Well, I guess that's not anything new. I'll keep working hard believing that I will, for sure, be rewarded later. The others that are still here in the office are the usual people. Mr. Nakagawa is always working late. I don't want to be behind him. Anyway, I'm hungry. I'll buy something to eat at the convenience store nearby. The rest of the work has to wait till after that.

[Words & Phrases]

- reconsider：再検討する
- shipment：出荷、発送
- ~ can wait till ... ：〜は…までやらなくても大丈夫
- count as ~：〜とみなす
- what's called：いわゆる

- □ volunteer overtime：サービス残業
- □ hurry home：さっさと帰宅する、急いで家に帰る
- □ for sure：確かに、必ず
- □ reward：報いる
- □ be behind ~：~に先を越される、負ける
- □ anyway：ともかく、いずれにせよ

2 訳（状況をイメージしよう）

あ〜、仕事が終わらない。今日中にやわら商事の清水さんに見積を送るって約束したし、明日の朝には企画の再検討案を大原部長に提出しなければならないし。よし、この２つは今日中に終わらせてしまおう。サンプルの発送の手配だけ秋本さんに頼もう。残りの仕事は明日以降でも何とかなるだろう。でも、この仕事って残業代はつかないんだよな。いわゆるサービス残業ってやつだ。割に合わないよなぁ。部下がこんなにがんばっているのに大原部長はさっさと帰っちゃうんだから。まぁ、それもいつものことだ。がんばれば必ず自分の身に返ってくることを信じてがんばろう。残ってるのはいつものメンバーだな。中川君はいつも遅くまでがんばっている。彼には負けられないな。それにしてもお腹がすいたなぁ。近くのコンビニで何か食べるものを買ってこよう。残りの仕事はそれからだ。

3 この表現をおぼえよう

This work **wouldn't** count as overtime.

　普通は、〈If S 過去形, S would －.〉という形で、「もし S が〜したら、S は－するだろうに」という、現在の事実に反する仮定を表現する文になります。この文では if 節は明示されておらず、「実際には申請したりはしないが、申請したとしても」という意味が暗に込められています。

I'll keep working hard **believing** that I will, for sure, be rewarded later.

　現在分詞で始まるまとまり（この場合は believing 以下）が、主節の述語動詞（この場合は keep working）を時、理由、条件、譲歩、付帯状況等の意味を含めて修飾しているものを分詞構文と呼びます。

4 関連表現

1. I think they will require a written estimate.
   彼らは書面の見積もりを要求してくるだろうな。
2. It's important to keep all of your receipts so you can get reimbursed.
   払い戻しをしてもらうためにはすべての領収書をとっておくことが重要だよね。
3. I will formally submit a written request to the CEO of the company.
   会社のＣＥＯに正式に依頼書を提出するつもりです。
4. If you will excuse me for a moment, I have to make a phone call.
   ちょっと席をはずさせていただけますか。電話をしなければなりません。
5. I am going to have to reject your proposal.
   あなたの提案をお断りしなければなりません。
6. I need to be sure and turn in my assignment before the deadline.
   〆切までに必ず課題を提出しなくちゃ。
7. We are on a tight budget this year, so we have to spend our money wisely.
   今年の予算は厳しいから、お金は上手に使わないと。
8. Considering how open-minded he is, I think he will permit it.
   彼は心の広い人だから、それを許可してくれると思うよ。
9. Let me point out that this is the first time it's ever happened.
   こんなことが起こったのは初めてだということを指摘させてください。
10. I have to object to this ill-conceived plan.
    この途方もないプランには反対しなければならないな。

イラストを見ながら、つぶやいてみよう

メールする send email
手配する arrange

見積書　written estimate
提案書　written proposal
領収書　receipt
企画書　planning report
依頼書　written request
契約書　contract
意見書　written advice
申請書　application
叩き台　tentative plan

依頼する request
指摘する point out

査定　assessment
予算　budget
決算　balancing the books
株式　stock

請求する bill
提出する turn in

反対する object
許可する permit

FAX する send a fax
送付する send

援助する support
支払う pay

電話する make a phone call
訪問する visit

検討する consider
拒否する reject
同意する agree

分析する analyze
補う compensate for, make up for

Scene 16 遅い夕食
〈料理を注文をするときの表現〉

1 何度も聴いて、一緒に言ってみよう

track46 track47 track48
ノーマル 2倍速 3倍速

Whew, finally done with work. It's so late already. Mr. Kaneko said I could finish the report tomorrow, but I told him that I would finish it today. After all, I missed the department get-together, so I had to postpone the promise to toast with Mr. Sakai. I guess I'll just have to toast by myself today. It would be a pain to have to fix dinner after I get home. Even if I wanted to buy something to eat at home, all the stores are already closed. So, I'll stop and eat something on the way back. There are lots of different places to choose from around here, but I want to eat in a quieter place, so I'll go somewhere local. What should I eat? Bars are open late, but I feel uncomfortable being a woman alone. I know—I'll go to the steakhouse that I've wanted to go to for awhile now. I'll order the most expensive meat on the menu as a reward to myself. And wine, too.

[Words & Phrases]

- □ whew：ふう、ああ（安ど感、疲れ、息切れを表す）
- □ be done with work：仕事を終える
- □ miss：欠席する、機会を逃す
- □ postpone：延期する
- □ fix dinner：夕食をつくる
- □ choose：選ぶ

- around here：このあたりには
- local：地元の
- uncomfortable：気が引ける、居心地の悪い
- steakhouse：ステーキハウス
- for awhile：しばらくの間
- reward：褒美

2　訳（状況をイメージしよう）

ああ、やっと仕事が終わった。もう、こんな時間だわ。金子課長は報告書は明日でもいいって言ってくれたのに、今日中にやりますって言っちゃったからなあ。結局、部内の飲み会にも参加できなかったから、酒井君と祝杯をあげる約束も延期になっちゃった。しょうがないから今日は一人で祝杯をあげよう。今から家に帰って料理を作るのはめんどうくさいな。何か買って帰るって言ってもお店は全部閉まっちゃってるし。途中で何か食べて帰ろう。この辺だと色々選べるんだけど、やっぱり落ち着いて食べたいから地元のお店にしましょう。何がいいかな？　遅くまで空いているところだと、居酒屋だけど、女ひとりで入るのはちょっと気が引けるわ。そうだ、前から行きたかったステーキハウスにしましょう。今日は自分へのご褒美に一番高いお肉を頼もう。それとワインもね。

3　この表現をおぼえよう

Mr. Kaneko said I could finish the report tomorrow.
　この could は、「可能」ではなく「許可」の意味で使われています。

It would be a pain to have to fix dinner after I get home.
　この場合の pain は、「面倒なこと、不快なこと」といった意味です。a pain in the neck[butt、ass] という形でよく用いられます（ただし、ass を使うとやや下品になります）。

I know.
　この I know! は、「そうだ！」という意味で、名案や解決策などを思いついた時に使う表現です。

4 関連表現

1. I'll have an appetizer to start with... Let's see, how about the crab cake?
   まずは前菜を食べよう。えーと、クラブケーキはどうかな？
2. I'd like a glass of wine with my dinner, please, and could you make that a rosé.
   食事と一緒にワインをお願いします。ロゼをください。
3. I'll have the steak medium rare, and I'd like some steak sauce, too, please.
   ステーキはミディアムレアに焼いて、ソースもお願いします。
4. What is your special today?
   今日のおすすめは何ですか？
5. Excuse me, but could we get some more (water, coffee, bread, rice)?
   すみませんが、（水、コーヒー、パン、ライス）のおかわりをください。
6. How often do you eat out?
   外食はどのくらいしますか？
7. What's a good restaurant around here?
   このあたりでおいしいレストランはどこですか？
8. What's the difference between a rosé and a merlot?
   ロゼとメルローの違いは何ですか？
9. Could you tell me what the soup of the day is?
   本日のスープは何か教えてください。
10. We would like to order dessert. What's your recommendation?
    デザートを頼みたいんですが、お勧めは何ですか？

イラストを見ながら、つぶやいてみよう

グルメ［食通］（の）　gourmet

ソフトドリンク　soft drink
紅茶　tea
コーヒー　coffee
日本茶　green tea
水　water
炭酸入りの水　sparkling water

食前酒　aperitif
オードブル・前菜　hors d'oeuvre, appetizer
メインディッシュ　entree / main dish

（肉）生焼き　rare
中位　medium
よく焼いた　well-done

フレンチドレッシング　French dressing
イタリアンドレッシング　Italian dressing
サウザンアイランドドレッシング　Thousand Island dressing

赤［白］ワイン	red [white] wine
ロゼ	rosé
甘口［辛口］ワイン	sweet [dry] wine
カクテル	cocktail
日本酒	sake
ビール	beer

パン	bread
ご飯	rice
サラダ	salad
ケーキ	cake

Scene 17 帰宅
〈家の中のものに関する表現〉

1 何度も聴いて、一緒に言ってみよう

track49 track50 track51
ノーマル 2倍速 3倍速

Ah, I'm finally home. Where's the key? Ah, there it is. "I'm home." Ah, well, nobody's here anyway. I'll turn the light on first. I'll put my shoes neatly side by side. As soon as I change, I'll fill up the tub. While the bath is filling up, I'll eat the bento I bought. Since I want it warm, I'll microwave it. Is there anything interesting on TV? Uh, not much. I'll watch the news. There've been a lot of strange incidents lately. I wish there were happier news stories. Oh, sports news. What were the results of today's professional baseball? Yeah! The Tigers won! Maybe they will win the title this year. The Giants won again, too. They have many solid players, so you can't underestimate them. I'm done eating. That was good. I might as well do dishes right away.

[Words & Phrases]

- finally：ようやく
- neatly：きちんと、こぎれいに
- side by side：並べて
- as soon as S V：S が V するとすぐに
- fill up the tub：バスタブにお湯を入れる
- microwave：電子レンジ
- incident：事件
- result：結果

- □ professional baseball：プロ野球
- □ Yeah!：やったあ！
- □ win：勝つ
- □ win the title：タイトルを獲得する
- □ solid：（人・仕事などが）素晴らしい、信頼のおける
- □ underestimate：過小評価する、侮る
- □ might as well －：－したほうがいい

2 訳（状況をイメージしよう）

あ〜、ようやく家に着いたぞ。鍵はどこかな？　あ、あった。「ただいま」といっても、誰もいないんだけど。まずは電気をつけてと。靴はきちんとそろえる。着替えたらすぐ、お風呂にお湯を入れよう。その間に買ってきたお弁当を食べよう。あったかい方がいいから、レンジでチンしよう。何か面白い番組やってるかな？　うーん、特にないな。ニュースでも見ようか。最近、変な事件が多いなあ。もっと明るいニュースはないものかねぇ。お、スポーツニュースだ。今日のプロ野球の結果はどうだったんだろう。やった〜！　阪神が勝った！　今年は優勝できるかな。巨人も連勝か。戦力が充実してるから侮れないな。ごちそうさま。おいしかった。洗いものもすぐにやってしまおう。

3 この表現をおぼえよう

I'm home.
〈I'm home.〉は帰宅時の挨拶表現ですが、実際には、単に Hi. や Hey. と言う方が一般的です。

I wish there were happier news stories.
〈I wish S 過去形 .〉は「S が〜すればいいのに」という意味で、現在の事実に反することを願う時に使う形です。この文の場合、「実際にはいいニュースはないのだが、もしあればいいのに」ということです。

They have many solid players, so you can't underestimate them.
　この you は特定の you ではなく、物事を一般化して言う時の you です。

4 関連表現

1. It's a bit cold in here. I think I'll turn the heater on for awhile.
   ここは少し寒いなあ。しばらくヒーターを入れよう。
2. Wow! It's hot! I'm gonna turn the air conditioner on!
   わー、暑いっ！　エアコンを入れよう！
3. I think I'll make myself a cup of tea.
   お茶を入れよう。
4. Okay, where's the remote? I thought I put it right here on the table.
   さてと、リモコンはどこだっけ？　テーブルのここに置いたと思ったけど。
5. How did the remote get all the way under the couch like that?
   何でリモコンがソファーのこんなに奥に入り込んだんだろう？
6. None of these look very interesting either.
   これらはどれもあまり面白くなさそうだ。
7. I guess I could just read a book or a magazine.
   本か雑誌でも読むとするか。
8. Well, not much on the book shelf either.
   うーん、本棚にもあまり本がないなあ。
9. I may have to make another trip to the library.
   図書館へまた行かなくちゃならないかも。
10. Oh, that's right! There's supposed to be a great game on tonight!
    ああ、そうだ！　今夜すごい試合があるんだ！
11. Maybe I should go out more often and meet some friends.
    もっと頻繁に外出して友人に会うべきだなあ。

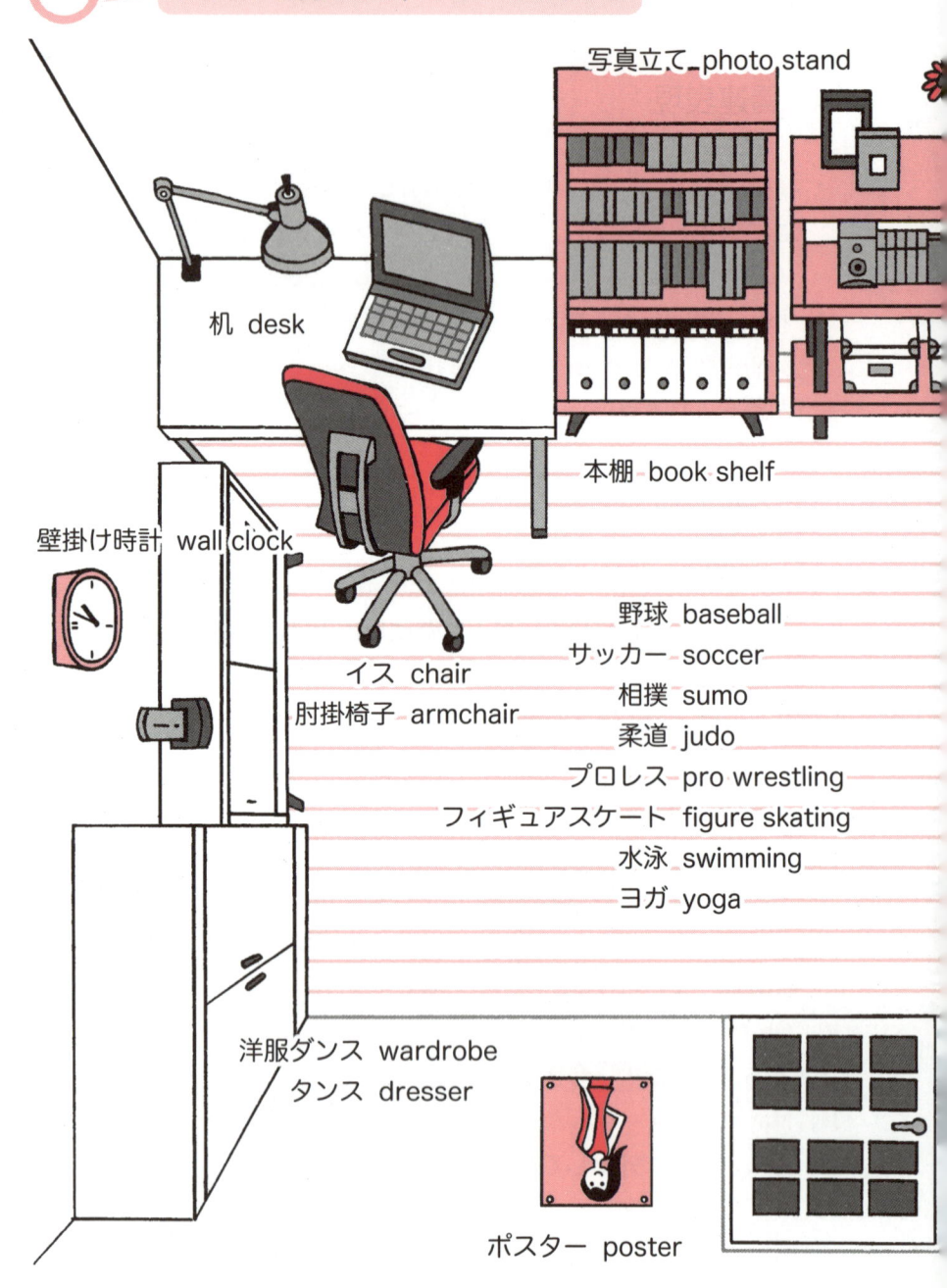

イラストを見ながら、つぶやいてみよう

写真立て photo stand
机 desk
本棚 book shelf
壁掛け時計 wall clock
イス chair
肘掛椅子 armchair
野球 baseball
サッカー soccer
相撲 sumo
柔道 judo
プロレス pro wrestling
フィギュアスケート figure skating
水泳 swimming
ヨガ yoga
洋服ダンス wardrobe
タンス dresser
ポスター poster

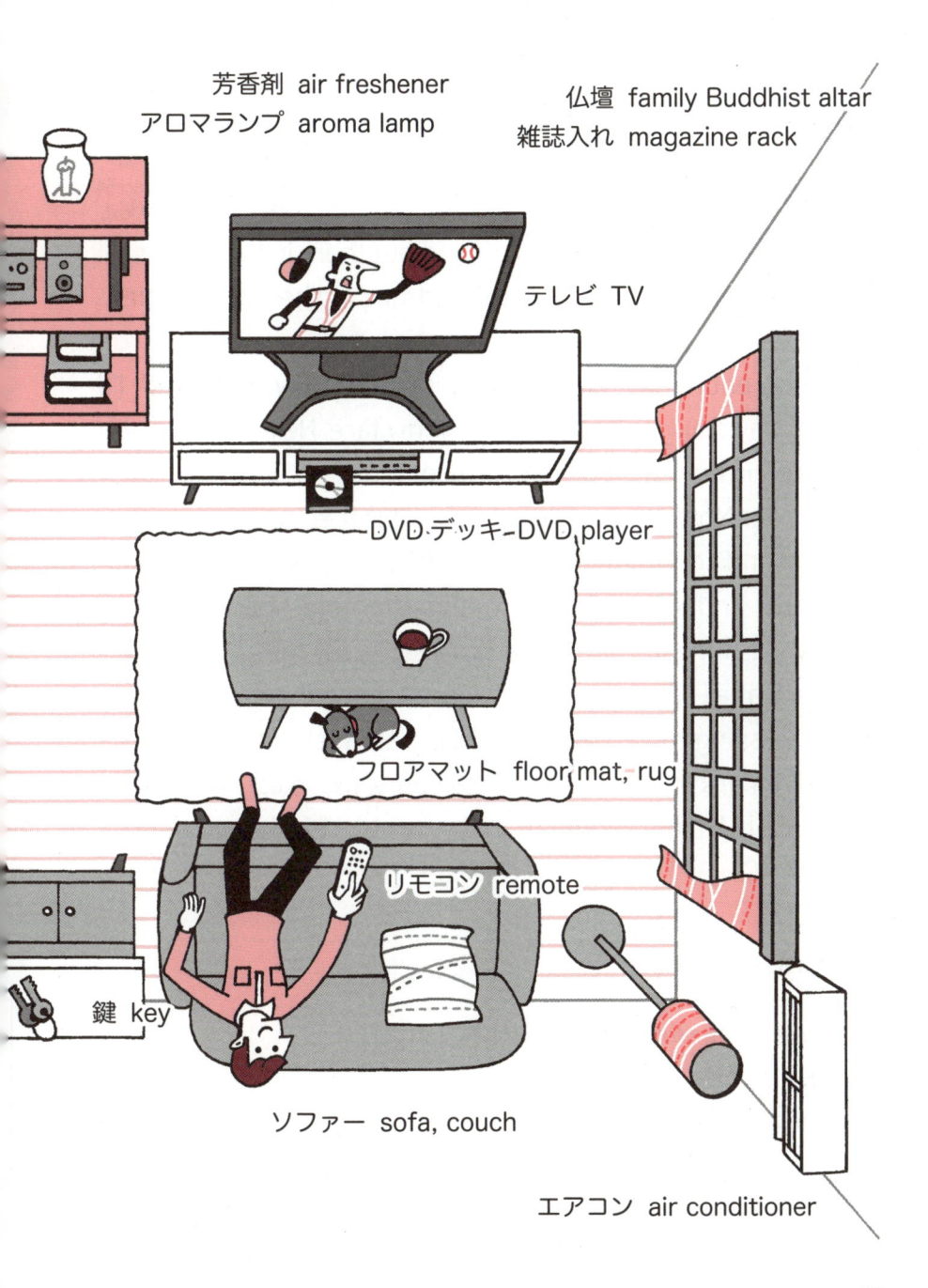

芳香剤 air freshener
アロマランプ aroma lamp

仏壇 family Buddhist altar
雑誌入れ magazine rack

テレビ TV

DVDデッキ DVD player

フロアマット floor mat, rug

リモコン remote

鍵 key

ソファー sofa, couch

エアコン air conditioner

Scene 18 お風呂
〈体の部分とその関連表現〉

1 何度も聴いて、一緒に言ってみよう

track52 track53 track54
ノーマル 2倍速 3倍速

Bath time. I'll take my clothes off and put them in the basket. I'll need to rinse my body a little and get in the bathtub first. Ahhh, feels good. It's like heaven. I can get rid of all my fatigue from the entire day. Well, I guess it's time to wash myself. I'll take off my makeup first...then wash my face. Next, I'll shampoo my hair, rinse well, and then use conditioner. I'll massage my scalp, too. Now, I'll wash my body. I'll put some soap on the sponge and lightly squeeze a little. I'll start with my arms, then my chest and stomach. Mmm, this sag here bothers me. I'll gently wash the important parts. I'll scrub my feet. I can't wash my back at all with this sponge. I can't reach the itchy parts. I'll buy a washing towel next time. I'll rinse myself, and now I'm all clean. I'll relax in the tub one more time. I worked hard all day again. Ooh, I'm getting dizzy from the heat. It's time to get out now.

[Words & Phrases]

- ☐ take one's clothes off：服を脱ぐ
- ☐ get rid of ~：~を取り除く
- ☐ fatigue：疲れ、疲労
- ☐ take off one's makeup：メークを落とす
- ☐ massage one's scalp：頭皮をマッサージする

- □ squeeze：揉む、圧迫する
- □ sag：たるみ
- □ bother：悩ます、困らせる
- □ scrub：ごしごし洗う
- □ itchy：かゆい
- □ relax in the tub：ゆっくり湯船につかる
- □ get dizzy from the heat：暑さでのぼせる

2 訳（状況をイメージしよう）

さあ、お風呂に入ろう。服を脱いで、洗濯かごに入れてと。軽く流して、まずは湯船につかろう。あ〜、いい気持ち。極楽、極楽。1日の疲れが落ちるわね。さて、そろそろ体を洗おうかな。まずはメイクを落として……顔を洗おう。次は頭を洗おう。シャワーで十分洗い流したらリンス。地肌のマッサージもしましょう。さて、今度は体ね。スポンジにボディソープをつけて軽くもむ。まずは腕から。そして胸にお腹。うーん、ちょっとこのたるみが気になるわね。大事なところはやさしく洗ってと。足はゴシゴシ洗いましょう。このスポンジだと背中が全部洗えないわ。かゆいところに手が届かない。今度、体洗い用のタオルを買ってこよう。洗い流したらピカピカの私の出来上がり。もう一度ゆっくりとお風呂につかろう。今日も一日よくがんばったなあ。ああ、のぼせてきた。そろそろ上がろう。

3 この表現をおぼえよう

I guess it's time to wash myself.
　〈I guess S V.〉というのは、「S は V すると思う」という意味で、〈I think S V.〉と全く同じ意味で使うことができます。
　〈It's time to －.〉は「－する時間だ」という意味ですが、会話では It's は省略されて〈Time to －.〉という形で使われる場合が多く見られます。

I'm all clean.
　この all は「完全に、すっかり」という意味で clean を修飾する副詞として働いています。

4　関連表現

1. Oh, my body is so sore from using the computer too much.
   ああ、コンピュータの使い過ぎで体がすごく痛いわ。
2. I feel like I need a full body massage from head to toe.
   頭から足の指まで全身マッサージしてもらいたいわ。
3. I guess for now I'll just soak in the tub for awhile.
   とりあえず、しばらくの間風呂につかろう。
4. My right shoulder blade in the back is especially sore.
   背中の右の肩甲骨が特に痛い。
5. I can just reach the sore spot with my left hand. Ahhh, right there.
   左手で痛いところに届く。ああ、そこそこ。
6. It would be nice to have someone to do that for me.
   誰かが私のかわりにそれをやってくれたらいいのに。
7. I don't know why my joints are so stiff.
   なんで関節がこんなに凝るんだろう。
8. I think I'm gonna go and see a chiropractor and get my back adjusted.
   整体師に診てもらって、背中を矯正してもらおう。
9. I'm in pretty good shape, though...a nice, slim waist, firm thighs.
   体型は結構いいんだけど…ウエストも細いし、太ももも引き締まってるし。
10. I guess the yoga is paying off!
    ヨガの成果が出ているんだわ！
11. Well, it hurt pretty bad when I hit it on the edge of the table the other day.
    そうだ、先日テーブルの端にぶつかったとき、とても痛かったわ。

イラストを見ながら、つぶやいてみよう

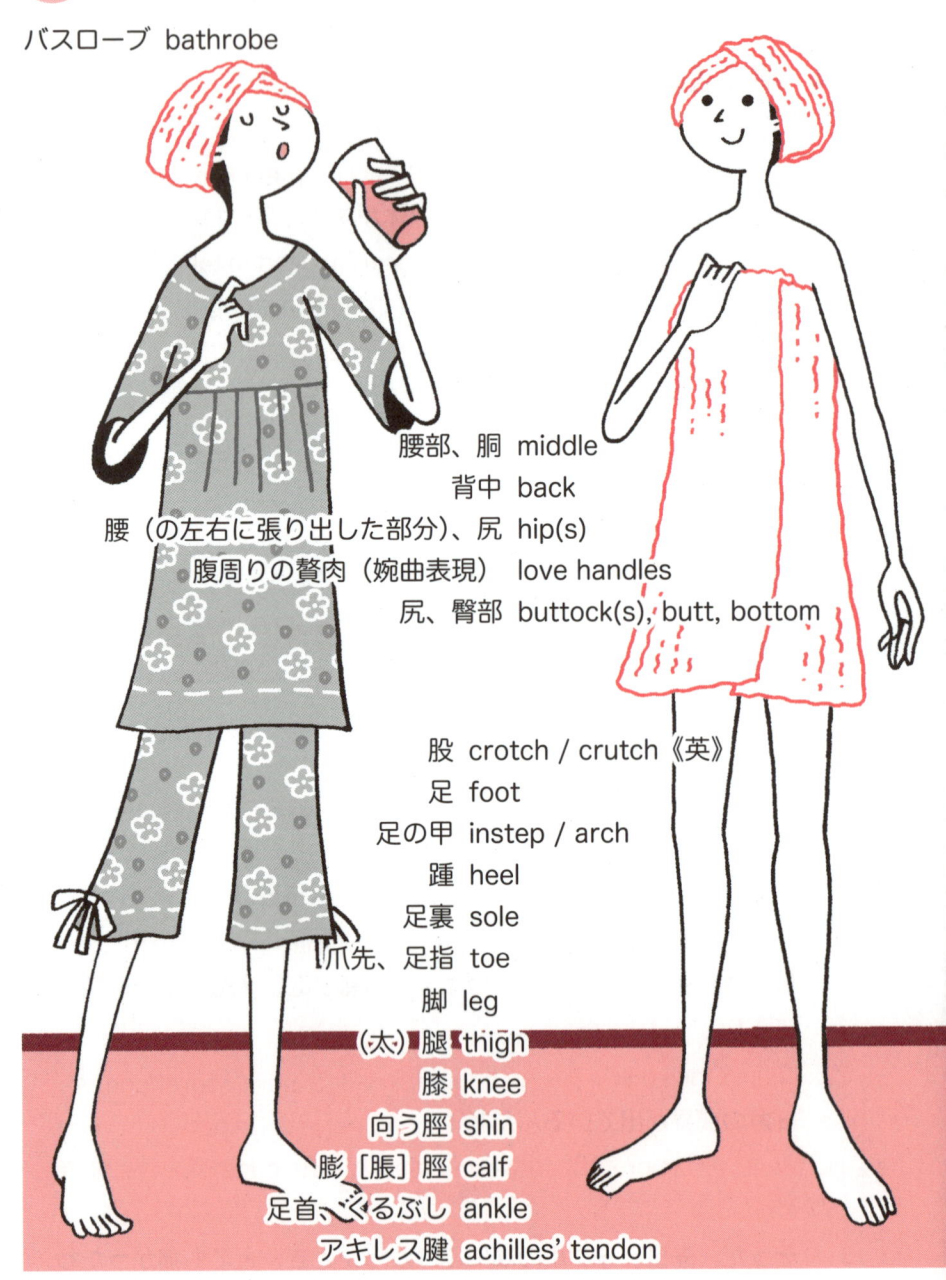

バスローブ bathrobe

腰部、胴 middle
背中 back
腰（の左右に張り出した部分）、尻 hip(s)
腹周りの贅肉（婉曲表現） love handles
尻、臀部 buttock(s), butt, bottom

股 crotch / crutch《英》
足 foot
足の甲 instep / arch
踵 heel
足裏 sole
爪先、足指 toe
脚 leg
(太)腿 thigh
膝 knee
向う脛 shin
膨［脹］脛 calf
足首、くるぶし ankle
アキレス腱 achilles' tendon

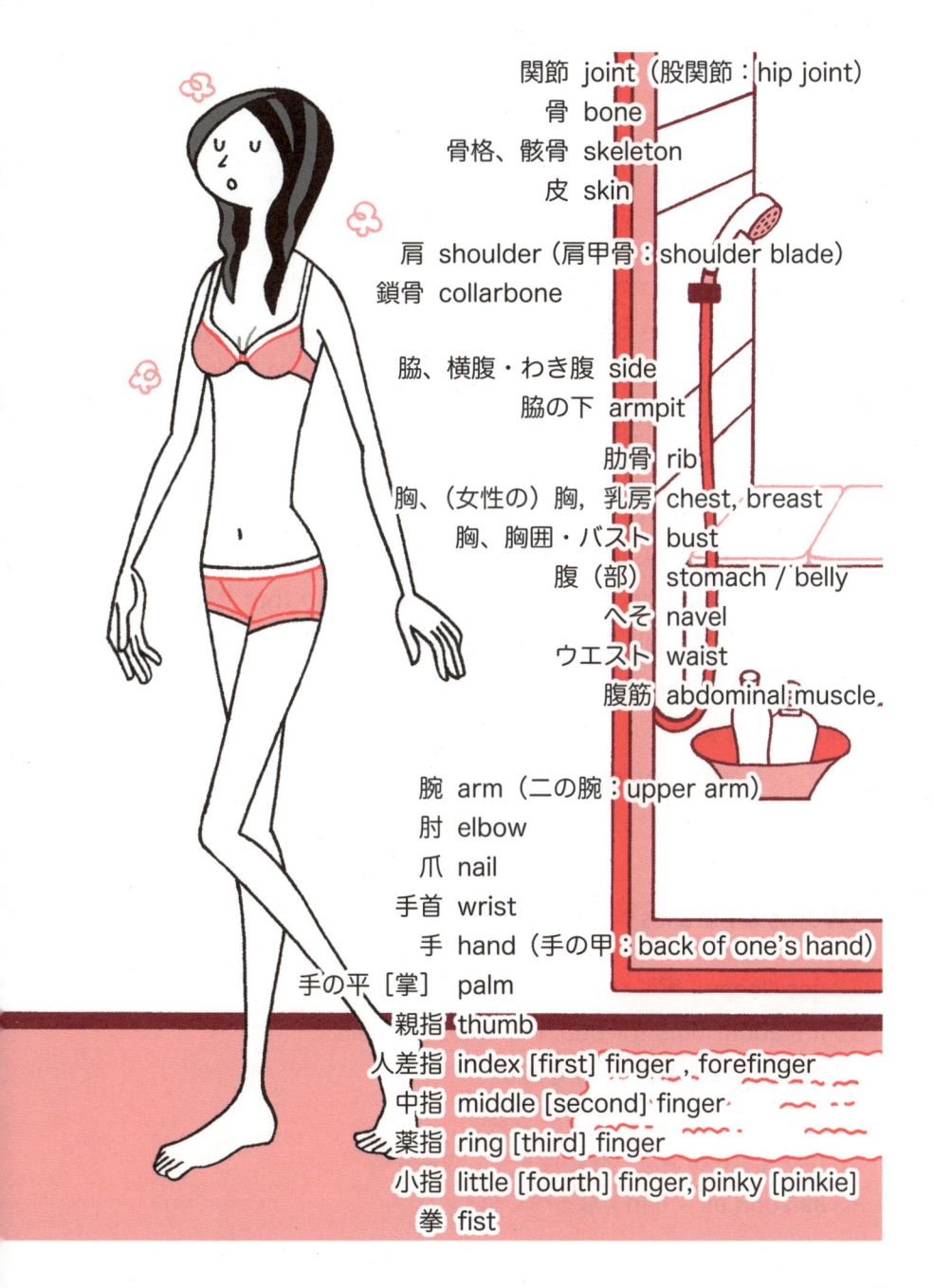

関節	joint（股関節：hip joint）
骨	bone
骨格、骸骨	skeleton
皮	skin
肩	shoulder（肩甲骨：shoulder blade）
鎖骨	collarbone
脇、横腹・わき腹	side
脇の下	armpit
肋骨	rib
胸、（女性の）胸, 乳房	chest, breast
胸、胸囲・バスト	bust
腹（部）	stomach / belly
へそ	navel
ウエスト	waist
腹筋	abdominal muscle
腕	arm（二の腕：upper arm）
肘	elbow
爪	nail
手首	wrist
手	hand（手の甲：back of one's hand）
手の平［掌］	palm
親指	thumb
人差指	index [first] finger, forefinger
中指	middle [second] finger
薬指	ring [third] finger
小指	little [fourth] finger, pinky [pinkie]
拳	fist

Scene 19 就寝
〈一日を振り返るときの表現〉

1 何度も聴いて、一緒に言ってみよう

track55 track56 track57
ノーマル 2倍速 3倍速

Oh, I'm getting sleepy. It's so late already. It's about time for bed. I'll fix the sheets since they are sliding off. I'll fix the blanket, too, 'n now the bed's ready. I don't want to forget to set the alarm. Would the usual time be okay tomorrow? That's right, I have some unfinished work from today, and I want to take care of it as soon as I can, so I'll go to work a little early. So I'll set the alarm for 6:20. That's good. I'll turn the light off, and say, "Good night." It was busy all day today again, but it was a good productive day. I'll work hard again tomorrow so that it will even be a better day. Oh, I wonder how my high school classmate Aoi is doing. Is she still going out with Sosuke? Oh, yeah, maybe Maki knows Aoi's contact info. I know Maki's email address, so I'll email her tomorrow. I miss Aoi. Maybe I can see her in my dreams...zzzz

[Words & Phrases]

- get sleepy：眠くなる
- It's about time for bed.：そろそろ寝る時間だ
- fix the sheets：シーツを直す
- slide off：ずれる、滑り落ちる
- take care of ~：~を処理する、世話する
- as soon as ~ can：なるべく早く

- productive：生産的な、実りの多い
- go out with ~：~と付き合う
- contact info：連絡先
- email：eメールを送る

2　訳（状況をイメージしよう）

あ〜、眠くなってきたな。もうこんな時間か。そろそろ寝ようかな。シーツがずれているからちゃんと直そう。掛け布団も整えて、これでよし。目覚ましをかけるのを忘れないようにしなくちゃな。明日はいつもどおりの時間で大丈夫かな？　そうだ、今日やり残した仕事を少しでも早く片付けるために、少し早めに会社に行こう。じゃあタイマーを6時20分にセットしよう。これでよしと。電気を消して「おやすみなさい。」今日も一日中忙しかったけど、充実したいい一日だったな。明日もさらにいい一日になるようにがんばろう。そういえば、高校のときに同級生だった葵ちゃん元気かな？　まだ宗介と付き合ってるのかなあ？ そうだ、真紀ちゃんなら、葵ちゃんの連絡先を知ってるかもしれない。真紀ちゃんのメールアドレスならわかるから、明日メールしてみよう。葵ちゃんに会いたいな。せめて夢で逢えたら・・・ｚｚｚｚ

3　この表現をおぼえよう

I don't want to forget to set the alarm.
　〈forget to －〉は「（これから）－するのを忘れる」という意味です。

It was a good productive day.
　形容詞が複数用いられる場合、基本的には「評価→外見（状態）→新旧→色→所属→材料」の順になります。

I wonder how my high school classmate Aoi is doing.
　〈I wonder 〜 .〉で「〜かなあ」という意味になりますが、〜の部分に疑問詞で始まる疑問文が入る場合は、〈疑問詞ＳＶ〉の語順になります。

4 関連表現

1. I haven't been sleeping well lately.
   最近よく眠れないなあ。
2. My eyes are drooping. I really need to take a nap.
   まぶたが重くなってきた。本当に昼寝がしたい。
3. I haven't been getting enough sleep lately.
   最近は十分な睡眠がとれない。
4. I have so much on my mind I can't get to sleep.
   気になることがいっぱいあって、眠れないや。
5. When I get home, I'm gonna go straight to bed.
   家に帰ったら、ベッドに直行しよう。
6. I should be able to fall right asleep, too.
   すぐに眠れるだろう。
7. I suppose I should get ready for bed now.
   そろそろ寝る準備をしたほうがいいな。
8. I'll wash my face, put some lotion on, and get into my pajamas.
   顔を洗ってローションをつけて、パジャマに着替えよう。
9. I need to relax and unwind, and maybe listen to some music.
   のんびりくつろいで音楽でも聞きたいなあ。
10. It was a pretty good day, but I'm beat.
    とてもいい一日だったけど、クタクタだ。
11. I could just crash right here on the couch.
    ソファーの上でこのまま寝ちゃいそうだ。
12. Wow! It's morning already? I slept like a log!
    うわっ、もう朝？　ぐっすり寝たなあ！

イラストを見ながら、つぶやいてみよう

よく寝る sleep well
徹夜する stay up all night

寝返りをうつ roll over
寝言をいう talk in his/her sleep

夢を見る dream
うとうとする、まどろむ doze off

あくび yawn
睡眠不足 lack of sleep

低血圧（高血圧） low (high) blood pressure

深呼吸 deep breath
のびをする stretch

夜更かしする stay up late
起きる get up
二度寝する snooze
寝坊する oversleep
二日酔い hangover
寝ぼけた groggy

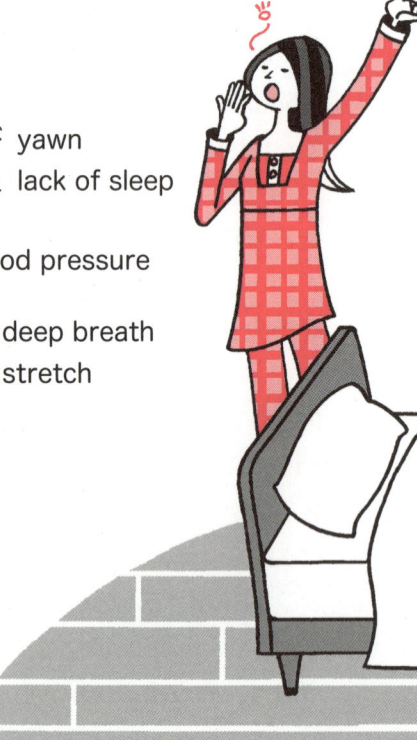

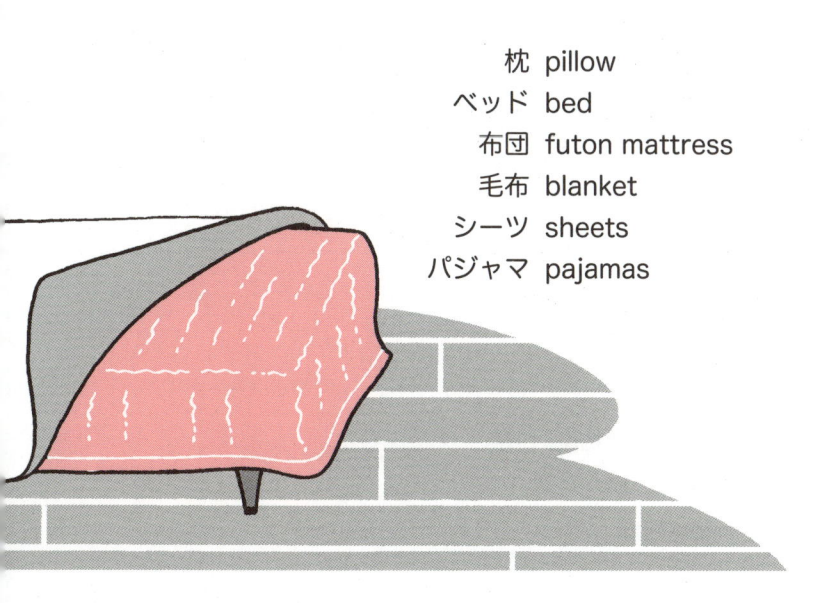

カレンダー calendar
スケジュール帳 schedule book
シール sticker

朝型 morning person
夜型 night person

休日（祝日） holiday
平日 weekday

枕 pillow
ベッド bed
布団 futon mattress
毛布 blanket
シーツ sheets
パジャマ pajamas

Scene 20 休みの日の朝
〈休息を表す表現〉

1 何度も聴いて、一緒に言ってみよう

track58 track59 track60
ノーマル 2倍速 3倍速

Oh, it's morning. I was up late drinking, so I'm still sleepy. Today is a day off, so I'll sleep a little more. Ah, no, no. Since it's a day off, I should do things that I can't normally do. I have a lot of laundry to do, so I'll take care of that first. It's a nice day, so I want to air out the futons. I should clean my room, too. I also want to go shopping for the first time in a long time. Oh, that's right; I was going to watch all the DVDs I rented. Wow, I have so many things I want to do. I can't be lying in bed like this. Before I do anything, I've got to get out of bed. Oh, my cell phone is blinking. I must've had an incoming email. I didn't notice. Who could that be from? It's an email from Maki! It's been a long time. Well, she's wondering if she could give my email address to Eita from high school. I haven't seen him in a long time! What is he doing now? I'll reply and let her know to go ahead.

[Words & Phrases]

- be up late：遅くまで起きている
- normally：通常
- air out ~：~を干す
- for the first time in a long time：久しぶりに
- lie in bed：ベッドに横たわる
- cell phone：携帯電話

- □ blink：点滅する
- □ incoming email：受信メール
- □ Who could that be from?：「誰からだろう？」
- □ It's been a long time.：「久しぶりだ」
- □ reply：返信する
- □ let ~ know to ー：～にーするように伝える
- □ go ahead：進める、着手する

2 訳（状況をイメージしよう）

あ〜、もう朝か。昨日は遅くまで飲んでたからまだ眠いわ。今日は休みだからもうちょっと寝よう。ああ、ダメ、ダメ。休みだからこそ普段できないことをやらなくっちゃ。洗濯物がたまってるからまずそれを片付けよう。今日は天気がいいから布団も干したいし。それからお部屋の掃除もしなくっちゃ。それに久しぶりに買物にも行きたい。そうだ、借りてきたＤＶＤもまとめて見るつもりだったんだ。うわ〜、やりたいことがいっぱい。こうしちゃいられないわ。まずは布団から出よう。あっ、ケータイが光ってる。着信があったんだ。気づかなかった。誰からだろう？　真紀ちゃんからのメールだ！　久しぶりね。なになに、高校の同級生の英太君にメルアドを教えていいかですって？　ずいぶん会ってないわよね！　彼、今何してるのかしら？　もちろん OK よって返信しておこう。

3 この表現をおぼえよう

I must've had an incoming email.
〈must have p.p.〉で、「ーしたに違いない」という意味です。その逆に、「ーしたはずがない」という時は〈can't have p.p.〉という形を使います。

I'll reply and let her know to go ahead.
〈let ~ know〉は「〜に知らせる」という意味で、〈tell ~〉とほぼ同じ意味になります。すると、let her know to go ahead は tell her to go ahead ということで、「彼女に先に進むように言う」という意味になります。この場合の go ahead（先に進む）は、英太に葵のアドレスを教えるということを行動に移すということです。

4 関連表現

1. C'mon, it's time to get up! You're going to be late for work!
   さあ起きる時間よ！　仕事に遅れるわよ！
2. You look tired. Did you stay up late last night?
   疲れているみたいね。昨夜は遅くまで起きていたの？
3. I was up late drinking last night, and this morning I have a hangover.
   昨夜は遅くまで飲んでいて、今朝は二日酔いだわ。
4. You're really not with it this morning. Your shirt's inside out.
   今朝は全くさえてないなあ。シャツが裏表逆よ。
5. While I have some free time, I guess I'll check my email.
   自由な時間がある間にメールをチェックしよう。
6. This is a brand-new cell phone -- the newest model, and I like it a lot.
   これは買ったばかりの携帯なの。最新型で、とても気に入っているの。
7. It's got a cool strap, too.
   かっこいいストラップも付いてるの。
8. I had a strange dream about meeting a friend I haven't seen in ages.
   何年も会っていない友人に会う変な夢を見たの。
9. After last night, I'm surprised I'm so wide awake this morning.
   夕べのことがあったのに、今朝はこんなに頭がさえてるなんて驚きだわ。
10. I guess I should clean up around the house.
    家の中を掃除しよう。

イラストを見ながら、つぶやいてみよう

携帯	cell phone
液晶	LCD
決定ボタン	enter button
ONボタン	on button
OFFボタン	off button
数字ボタン	numeric buttons

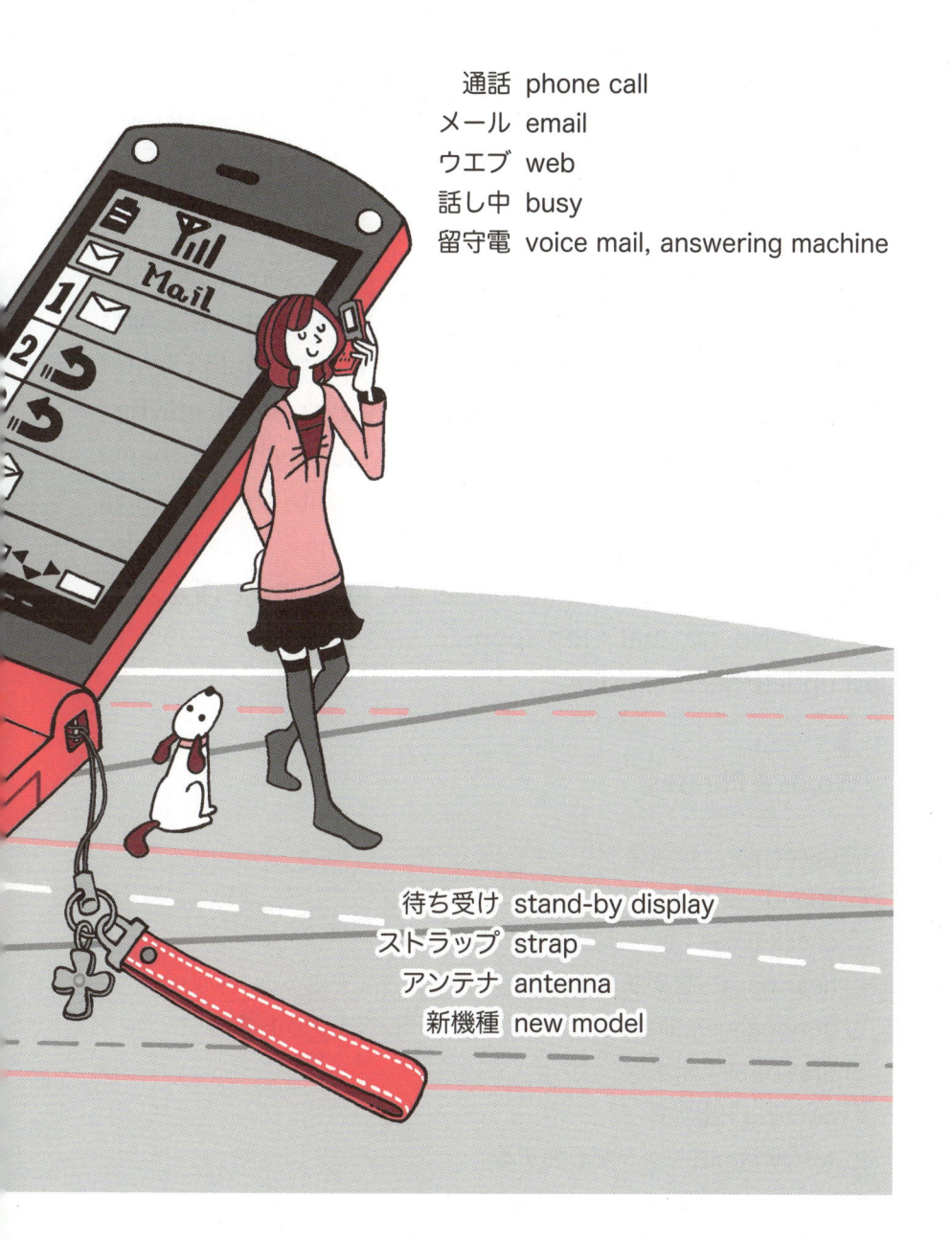

通話	phone call
メール	email
ウエブ	web
話し中	busy
留守電	voice mail, answering machine

待ち受け	stand-by display
ストラップ	strap
アンテナ	antenna
新機種	new model

Scene 21 メールチェック
〈連絡をとるときの表現〉

1 何度も聴いて、一緒に言ってみよう

track61 track62 track63
ノーマル 2倍速 3倍速

Well, today's my day off, and I don't have any particular plan, so how do I want to spend the day? I'll check my email first. Oh! I got a reply from Maki. Since I heard back this soon, maybe she didn't have Aoi's email address. Let's see. Wow! Yeah! I got Aoi's email address! I'll email her right away. What should I write? First of all, the opening is important. Since it's email, maybe I don't need to worry about the formality so much. But then, I shouldn't be too casual, either. I want to write something to make her think I've grown a little from back then. Then I'll also casually ask her to update me on her life. And maybe I'll ask her out, too. No, no, that's too soon, to say the least. For now, I'll just update her on my life.

[Words & Phrases]

☐ particular：特別な
☐ spend：すごす
☐ check email：メールをチェックする
☐ hear back：返事がある、返信が来る
☐ get one's email address：メールアドレスをゲットする
☐ first of all：まずは
☐ opening：出だし
☐ worry about ~：~を心配する

- □ formality：形式的なこと
- □ casual：形式ばらない、カジュアルな
- □ from back then：あのときから
- □ update：最新情報を与える
- □ ask ~ out：〜をデートに誘う
- □ to say the least：控えめに言っても
- □ for now：今は、差し当たり

2 訳（状況をイメージしよう）

さて、今日は仕事が休みだし、特に予定も入ってないから何をして過ごそうかな？　まずはメールをチェックしておこう。あっ！　真紀ちゃんから返信が届いている。こんなに早く返信が来るということは、葵ちゃんのメルアドを知らないのかな。どれどれ。うわあ！　やった〜！　葵ちゃんのメルアドをゲットできた！　早速、メールを書こう。なんて書こうかな？　まずは出だしが肝心だ。メールだからそんなに形式にこだわらなくてもいいかな。かといって軽すぎるのも問題があるなあ。あれから僕も少しは大人になったというのを感じてもらえるような文面にしたいな。あとはさりげなく近況も聞いておこう。それと、デートにも誘っちゃおうかな。いやいや、それはいくらなんでも早すぎるだろうなあ。まずは自分の近況報告って感じにしておこう。

3 この表現をおぼえよう

Today's my day off.

day off は「休暇、休日」という意味です。I'm going to take the day off today.（今日は休みを取るつもりだ）、Is it your day off today?（今日は休み？）、How many days off do you get per year?（1年に何日休みがあるの？）のように使います。

Since I heard back this soon, maybe she didn't have Aoi's email address.

この this は「こんなに」という意味で、soon を修飾する副詞として働いています。

4 関連表現

1. I love email for keeping in touch.
   連絡をとるにはeメールがいいなあ。
2. Don't forget to drop me a line after you arrive in Tokyo.
   東京に着いたらご一報をお忘れなく。
3. I look forward to hearing from you soon.
   近々ご連絡があることを楽しみにしております。
4. I'll keep you posted on what's going on.
   近況を逐一お知らせします。
5. How have you been doing lately?
   最近はどうしていますか？
6. What have you been up to lately?
   最近は何をやっているのですか？
7. I was so surprised when I got your email.
   あなたからメールをもらったときは大変驚きました。
8. Thanks for getting back to me.
   お返事ありがとうございます。
9. People tend to drift apart, don't they, but I'm glad we kept in contact.
   人は疎遠になりがちだよね。でも僕たちは連絡をとりつづけてよかったよ。
10. I hope you are doing well.
    あなたが順調にやっていることを願っています。
11. This is just a quick note to tell you that I will not be able to make it on Friday afternoon.
    金曜日の午後に行けないということをとりいそぎお知らせします。

イラストを見ながら、つぶやいてみよう

Wanna go out for drinks after work? 仕事の後飲みに行かない？

I haven't seen you in ages! Let's meet up soon!
久しぶり！　今度会おうよ！

I sure could use a drink. Do you want to join me?
一杯飲みたい気分だな。一緒に来ない？

How's work going for you? Shall we chat?
仕事のほうはどう？ちょっとおしゃべりしない？

Do you want to meet up sometime for a drink?
今度一緒に飲みにいかない？

Why don't I give you my cell phone number, and we can meet up later on.
ケータイの番号教えておくから、後で会おうよ。

What are you up to this weekend?
この週末は何してるの？

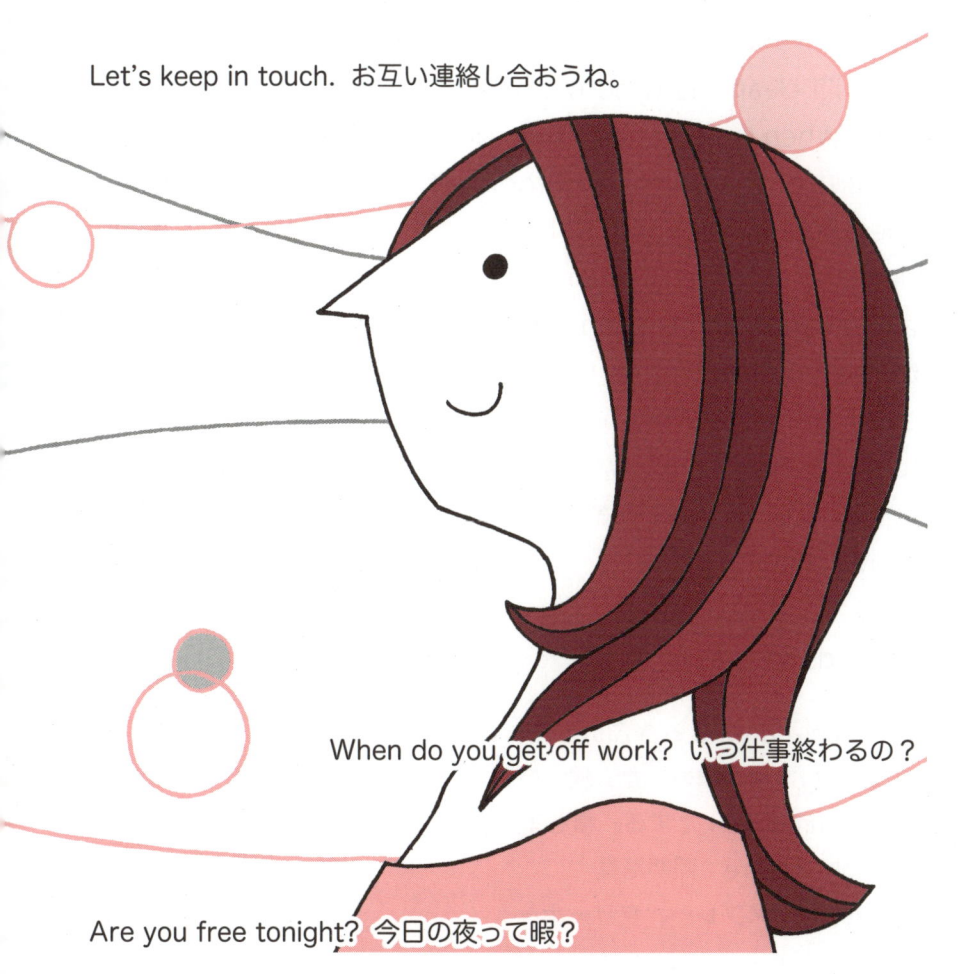

Let's keep in touch. お互い連絡し合おうね。

When do you get off work? いつ仕事終わるの？

Are you free tonight? 今日の夜って暇？

Scene 22 そうじ
〈身の回りをきれいにするときの表現〉

1 何度も聴いて、一緒に言ってみよう

track64 track65 track66
ノーマル 2倍速 3倍速

Okay, I'll start cleaning. I'll wipe everything down first. Not cleaning for a couple of weeks makes it pretty dusty. I'll clean really good today. Dust accumulates a lot—especially above the light fixtures and behind the furniture. Wow, it's pretty dirty. I'll clean the windows next. I'll use the spray and then wipe. When I'm done with that, I'll vacuum. I might as well get rid of the mold in the bathroom. Then, I'll clean the toilet. I guess you are supposed to have better luck with money if you clean the toilet, so I'll clean it extra good. And, finally, I'll sweep the entrance, and I'm done. Wow, it feels good! It's always nice to have a clean room. Oh, my cell phone's ringing. It's an email...from Eita. Wow, he works for a big well-known manufacturer. He and Sosuke were very good friends in high school. I guess it's been three years since I broke up with Sosuke. I'll just reply to him for now.

[Words & Phrases]

☐ wipe ~ down：〜をふいてきれいにする
☐ dusty：埃の積もった、埃っぽい
☐ accumulate：たまる、積もる
☐ light fixture：照明器具
☐ spray：スプレー、クリーナー

- □ vacuum：掃除機をかける
- □ mold：カビ
- □ have better luck with money：金運がアップする
- □ extra good：さらによく、念入りに
- □ sweep：掃く
- □ well-known：有名な
- □ break up with ~：~と別れる

2 訳（状況をイメージしよう）

よし、掃除を始めよう。まずは拭き掃除からね。2週間も掃除しないと、ホコリって結構たまるのよね。今日は念入りにやりましょう。照明器具の上や家具の裏側などは特に埃がたまりやすいのよね。うわっ、結構汚れてる。次は窓もきれいにしよう。クリーナーを使って汚れを落として、その後でから拭きをする。拭き掃除が終わったら掃除機をかけましょう。そしてお風呂のかび取りね。あとはトイレ掃除。トイレをきれいにすると金運がアップするらしいから、念入りにしておこう。最後は玄関を掃いて終わりと。うわ〜、すっきりした！　やっぱり部屋がきれいだと気持ちいいわねえ。あ、ケータイが鳴ってる。メールだわ。英太くんからだ。へ〜、今メーカーに勤めてるんだ。彼って高校の頃、宗助とすごく仲がよかったのよね。そういえば、宗助と別れてもう3年経つわ。とりあえず返事を出しておこう。

3 この表現をおぼえよう

Not cleaning for a couple of weeks makes it pretty dusty.
　cleaning は動名詞で、その否定形は直前に not を置くことで作ります。Not cleaning で「掃除をしないこと」という意味になります。

Wow, it feels good!
〈feel ~〉で「〜な感じがする」という意味です。

It's been three years since I broke up with Sosuke.
　It's been three years の代わりに、Three years have passed と言うこともできます。

4 関連表現

1. Cleaning isn't so bad if you put on a little music while you do it.
   音楽を聴きながらやれば、掃除もそんなに悪いものじゃないわ。
2. But I really don't like to iron.
   だけど私は本当にアイロンがけが嫌いなの。
3. I suppose I should take out the garbage. It's getting pretty full.
   ゴミを出さなくちゃ。もうあふれそう。
4. I've got to get me some of that mold and mildew remover.
   カビ取り剤を買ってこなきゃ。
5. Saving these old T-shirts to use as rags was a good idea.
   雑巾用にこれらの古いTシャツをとっておいてよかった。
6. One of these days I should probably mop the floor rather than just sweep.
   近いうちに、床をただ掃くだけじゃなくて、モップで拭いたほうがいいわ。
7. It's such a nice day today, so I'll do laundry early and hang my clothes out to dry.
   今日はとてもいい天気だから、朝早くから洗たくして外に干しておこう。
8. I'll change my sheets and pillow cases.
   シーツと枕カバーを交換しましょう。
9. I'll make my bed and straighten up my room.
   ベッドを整えて部屋をきちんと整理しよう。
10. Oh, where did I put the sponges? I thought they were in this bucket.
    スポンジどこに置いたっけ？　このバケツの中だと思ったんだけど。

イラストを見ながら、つぶやいてみよう

物干しロープ　clothesline
ハンガー　hanger

ほうき　broom
モップ　mop
ちりとり　dustpan
掃除機　vacuum cleaner

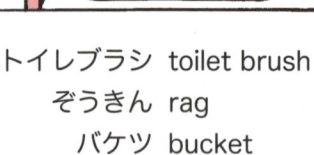

トイレブラシ　toilet brush
ぞうきん　rag
バケツ　bucket

洗濯用洗剤　laundry detergent
柔軟仕上げ剤　fabric softener
漂白剤　bleach

スポンジ　sponge
たわし　scrub brush
ゴム手袋　rubber gloves
ふきん　dish towel

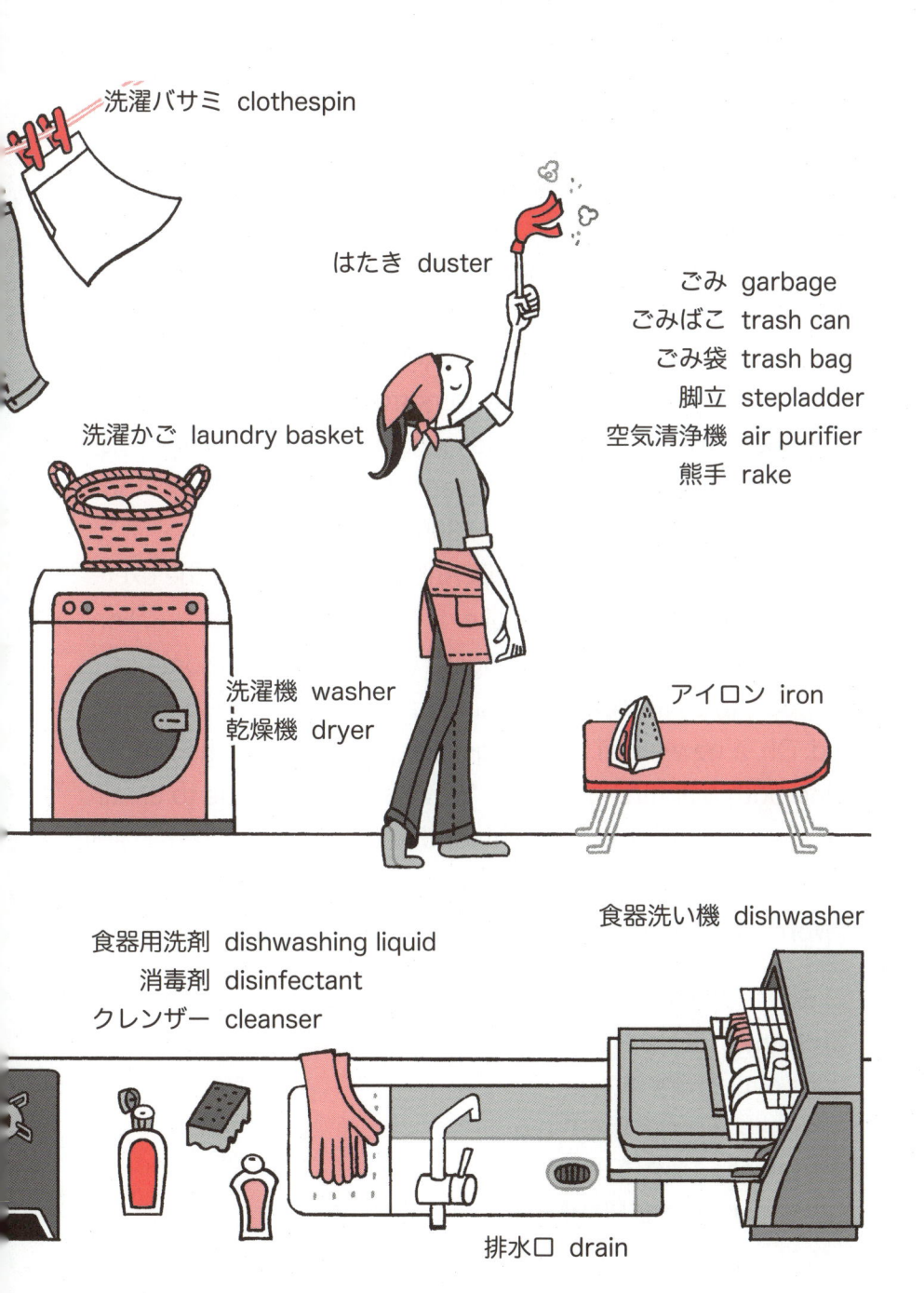

洗濯バサミ clothespin

はたき duster

ごみ garbage
ごみばこ trash can
ごみ袋 trash bag
脚立 stepladder
空気清浄機 air purifier
熊手 rake

洗濯かご laundry basket

洗濯機 washer
乾燥機 dryer

アイロン iron

食器用洗剤 dishwashing liquid
消毒剤 disinfectant
クレンザー cleanser

食器洗い機 dishwasher

排水口 drain

Scene 23 今日の天気
〈天候に関する表現〉

1 何度も聴いて、一緒に言ってみよう

track67 track68 track69
ノーマル 2倍速 3倍速

It was so nice in the morning, but it's getting quite cloudy now. Looks like it's going to start raining in the evening just as the weatherman said. He also said it will rain harder during the night. But he said it will stop by tomorrow morning, so I can go out tomorrow. I'll stay home and relax today. Maybe I'll read the book that I've been wanting to read. And I'll study English, too. My TOEIC score needs to be over 800 if I want to work overseas. Okay, I'll work on the TOEIC drill. And I'll also work on the exercises that I can't usually do—like dictation and shadowing. For reading, I might as well read English books. I'll search some online bookstores for some books that are easy enough for me to read. Oh, a new email. Wow! I got a reply from Aoi! She is now doing both planning and sales. Wow! She says for me to email her again. Maybe I'll ask her out for dinner.

[Words & Phrases]

- nice：(天気が) いい
- cloudy：(天気が) 曇った
- go out：外出する
- be over ~：~を越えている
- overseas：海外で
- work on ~：~に取り組む

- dictation：書き取り
- shadowing：シャドーイング
- online bookstore：インターネット書店
- planning：企画
- sales：営業、セールス

2 訳（状況をイメージしよう）

午前中あれだけいい天気だったのに、だいぶ雲が出てきたな。この様子だと天気予報どおり夕方からは雨が降りそうだ。夜中には強く降るとも言ってたな。でも明日の朝には雨はあがるって言ってたから、明日は出かけられるな。今日は家でゆっくり過ごすことにしよう。ずっと読みたかった本でも読もうかな。それから英語の勉強もしよう。海外で仕事をするためにはTOEICのスコアが800点以上でないとだめなんだよな。よし、今日はTOEICの問題集をやるぞ。それと普段やれないディクテーションとシャドーイングのトレーニングもやろう。読書もどうせなら洋書を読もう。今の僕でも読めそうな本をネット書店で探してみよう。あっ、新しいメールが来てる。うわ〜！　葵ちゃんから返事が来た！　彼女は今、企画と営業の両方やってるんだ。すごいな！　またメールくださいって書いてある。食事にでも誘ってみようかな。

3 この表現をおぼえよう

He said it **will** stop by tomorrow morning.
　このwillは、文法的には時制の一致ということでwouldになるのが正しいのですが、会話では時制の一致が無視されることがよくあります。

I'll read the book that I've **been wanting** to read.
　〈have been − ing〉というのは現在完了進行形という形で、過去からある動作が始まって、現在までそれが継続し、現在でもそれを行っているということを表現しています。ここでは、「以前からずっと読みたくて、今も読みたいと思っている」という意味になります。wantは状態を表す語ですが、現在完了進行形でもよく用いられます。

4　関連表現

1. That was quite a thunder storm we had last night.
   昨夜の雷雨はひどかったなあ。
2. The lightning made for quite a show!
   稲妻は見物だったね！
3. There is supposed to be a snowstorm tomorrow.
   明日は吹雪になるそうだ。
4. With the wind and the snow it will be quite a blizzard!
   風と雪で猛吹雪になりそうだなあ！
5. You can barely see three feet in front of you in this fog.
   この霧の中では目の前3フィートがほとんど見えない。
6. It's 105 degrees outside in the shade!
   外は日陰でも（華氏）105度もある！
7. Man, this is strange weather we've been having!
   ああ、変な天気が続いているなあ！
8. Visibility will be very poor, so drive carefully.
   視界がとても悪いだろうから、運転は注意してね。
9. The roads will be very slippery, so be careful.
   道路がすべりやすいので注意してください。
10. What a beautiful day! Not a cloud in the sky!
    なんていい天気なんだ！　空に雲ひとつない！
11. What's the temperature outside today?
    今日、外は何度ですか？
12. Should I wear my heavy coat or my light jacket?
    厚手のコートと薄いジャケットのどちらを着ようかなあ？

イラストを見ながら、つぶやいてみよう

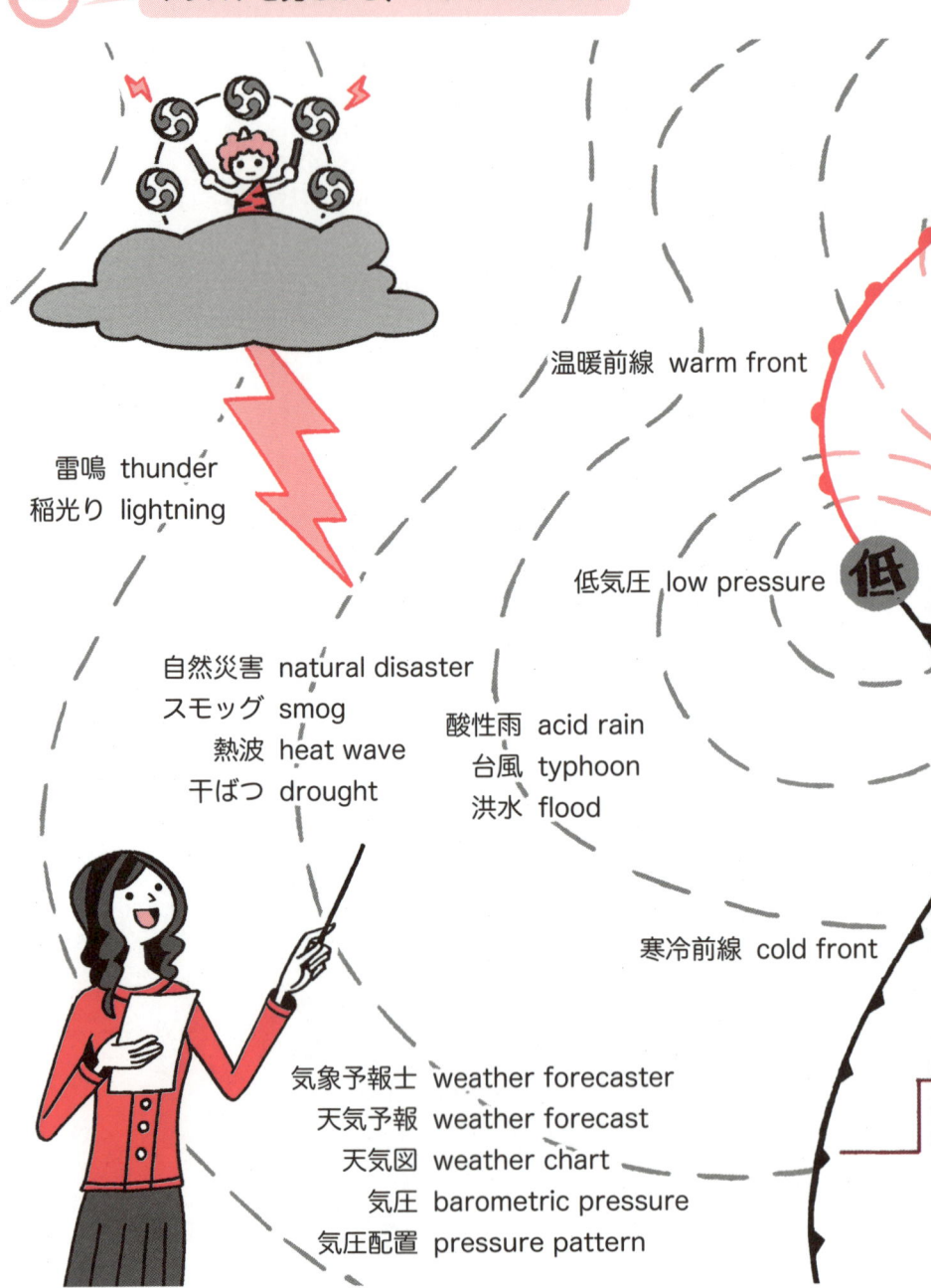

温暖前線 warm front

雷鳴 thunder
稲光り lightning

低気圧 low pressure

自然災害 natural disaster
スモッグ smog
熱波 heat wave
干ばつ drought

酸性雨 acid rain
台風 typhoon
洪水 flood

寒冷前線 cold front

気象予報士 weather forecaster
天気予報 weather forecast
天気図 weather chart
気圧 barometric pressure
気圧配置 pressure pattern

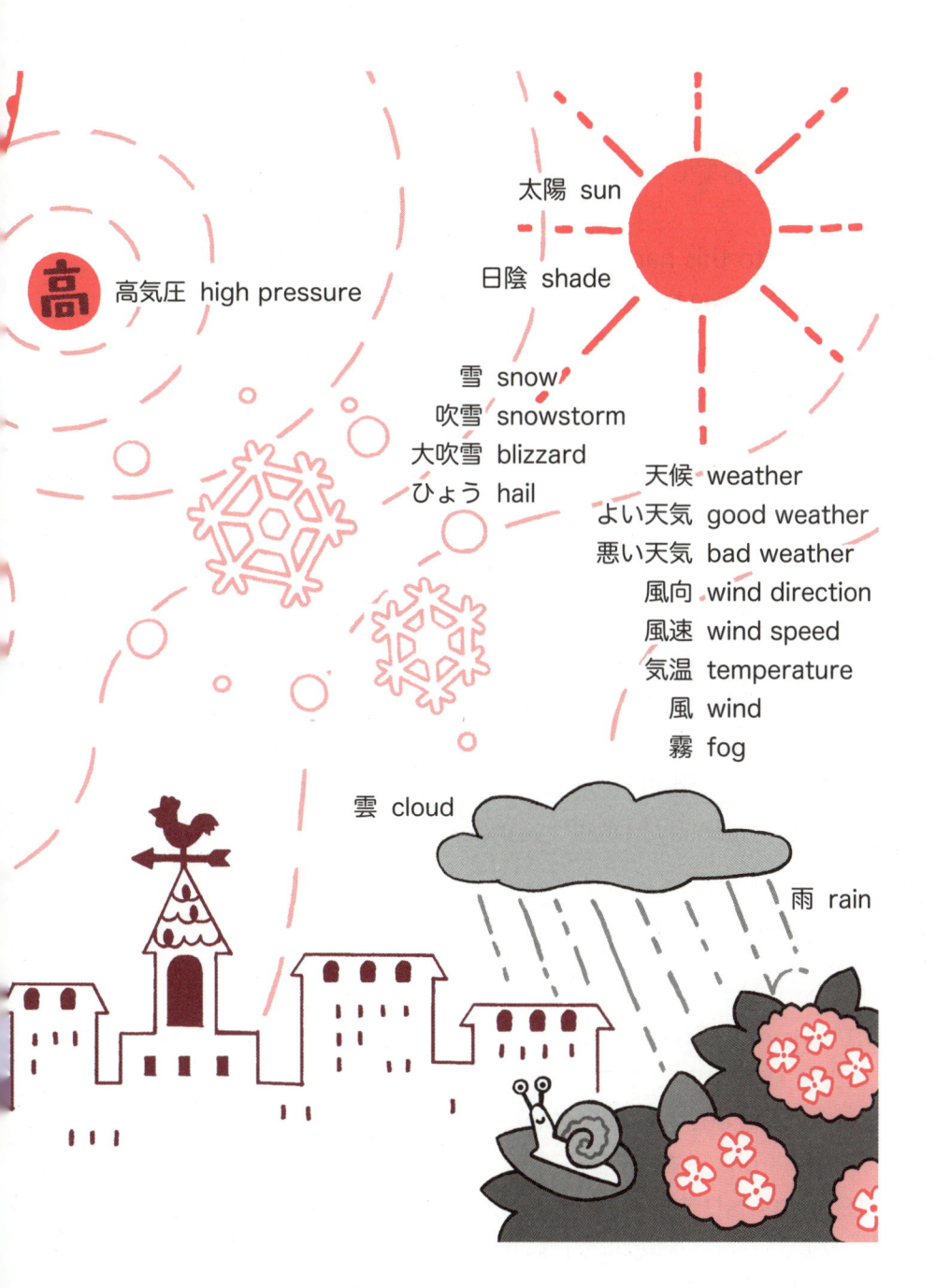

高気圧 high pressure

太陽 sun

日陰 shade

雪 snow
吹雪 snowstorm
大吹雪 blizzard
ひょう hail

天候 weather
よい天気 good weather
悪い天気 bad weather
風向 wind direction
風速 wind speed
気温 temperature
風 wind
霧 fog

雲 cloud

雨 rain

Scene 24 ショッピング〈買い物に関する表現〉

1 何度も聴いて、一緒に言ってみよう

track70 track71 track72
ノーマル 2倍速 3倍速

I'll go in to this name-brand shop. I've been wanting to buy a jacket. Do they have anything good? Ooh, this one looks good. Is this a new design? This is perfect for this season, and it matches my pants I have. How much is it? Mmm, it's pretty pricy. Maybe I should wait till it's on sale. But I would regret it if it's sold out by then. Should I try it on? This is my size. Perfect. Looks good. But the sleeves are a little too long. Could I have them hemmed? I'll check some other ones. These ones on this rack are on sale. Wow! This shirt is cute. It's 50% off, too. Do they have my size? Nope. They have a different color, though. But I definitely want this color. I should check with a salesperson to be sure. Oh, I guess they really don't have any. What should I do? I don't have very many clothes in this kind of color. Would I look okay in this? I wonder if it's a little too loud for me.

[Words & Phrases]

- perfect：ぴったりの
- pricy：高価な、いい値段
- on sale：バーゲンで、特価で
- be sold out：売り切れている
- try ~ on：~を試着する
- hem：へりを縫う、すそを上げる

- definitely：絶対に
- check with ~：~に問い合わせる、相談する
- saleperson：販売員
- to be sure：念のために
- loud：派手な

2 訳（状況をイメージしよう）

このブランドのお店に入ってみよう。ジャケットが1枚ほしかったのよね。何かいいのがあるかしら。あら、これ、いいわね。新作かしら。これだったら今の季節にちょうどいいし、今持ってるパンツにも合わせられるわ。値段はいくらかしら？　うーん、結構するわね。バーゲンまで待とうかな。でも売り切れたら悔しいし。試着してみようかな？　私のサイズはこれね。ぴったりだわ。ステキ。でも少し袖が長い。詰めることはできるのかしら？　他のも見てみよう。このラックの商品は値下げしてるのね。うわっ！　このシャツかわいい。しかも50％オフだって。私のサイズはあるかしら？　ないわね。色違いのものならあるけど。でも絶対この色がいいわ。念のために店員さんに聞いてみよう。ああ、やっぱりないか。どうしようかな？　この手の色って、あまり持ってないのよね。私に似合うかしら？　ちょっと派手すぎるかなあ。

3 この表現をおぼえよう

Could I have them hemmed?
〈have ～ 過去分詞〉は、基本的には「～がーされるという状態を持つ」ということで、「～をーされる、～をーさせる、～をーしてもらう」のように訳されます。この文の them は sleeves を指しており、hem は「へりを縫う、詰める」ということなので、「袖を詰めてもらう」という意味になります。

I wonder if it's a little too loud for me.
〈I wonder ～ .〉で「～かなあ」という意味ですが、～に yes/no question が来る場合は、〈I wonder if S V.〉という形になります。

4 関連表現

1. This looks like a nice shop with a lot of cute clothes.
   ここは可愛い服がいっぱいあっていいお店みたい。
2. Maybe I should buy a whole new outfit.
   新しい服を一そろい買おうかしら。
3. Oh, I'd also need some stockings and some new shoes.
   ああ、ストッキングを何足かと新しい靴も買わなくちゃ。
4. And I can't forget to buy some jewelry to wear with my new clothes.
   そして、新しい服に合せる宝石を買うのも忘れないようにしないとね。
5. Oh, thank you, but I'm just browsing.
   ああ、ありがとう。でもちょっと見ているだけですから。
6. What a rip-off! That's way too expensive.
   この値段、サギね！　高すぎるわ。
7. I'd like to try these on, please.
   これを試着したいのでお願いします。
8. Where's your fitting rooms?
   試着室はどこですか？
9. I'm interested in looking at your cardigans.
   カーディガンを見てみたいんですが。
10. I have some questions about these earrings over here.
    ここにあるイアリングについて聞きたいことがあるんですが。
11. Excuse me, but what is your return policy?
    すみませんが、返品規約はどうなっていますか？

イラストを見ながら、つぶやいてみよう

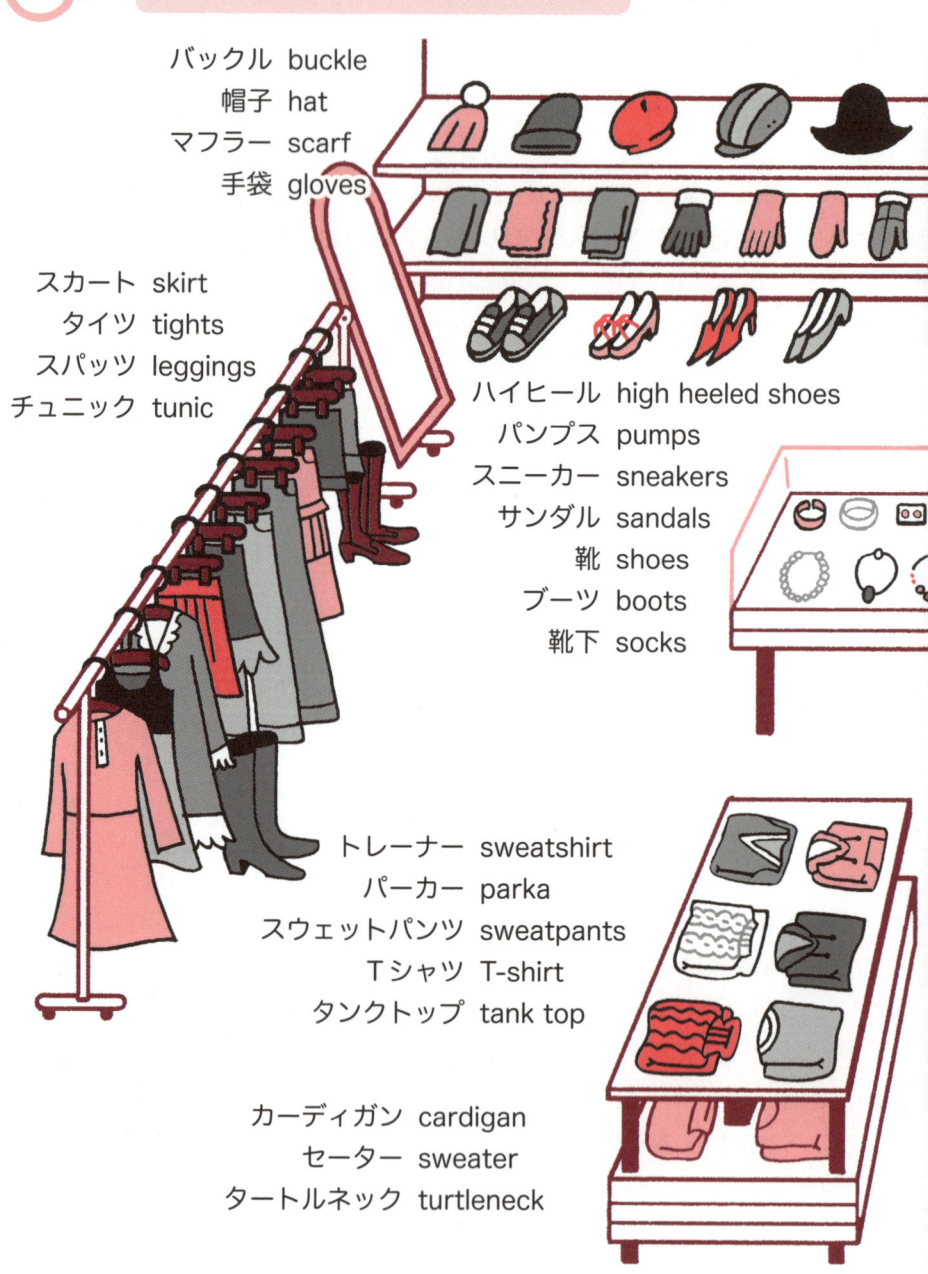

バックル buckle
帽子 hat
マフラー scarf
手袋 gloves

スカート skirt
タイツ tights
スパッツ leggings
チュニック tunic

ハイヒール high heeled shoes
パンプス pumps
スニーカー sneakers
サンダル sandals
靴 shoes
ブーツ boots
靴下 socks

トレーナー sweatshirt
パーカー parka
スウェットパンツ sweatpants
Tシャツ T-shirt
タンクトップ tank top

カーディガン cardigan
セーター sweater
タートルネック turtleneck

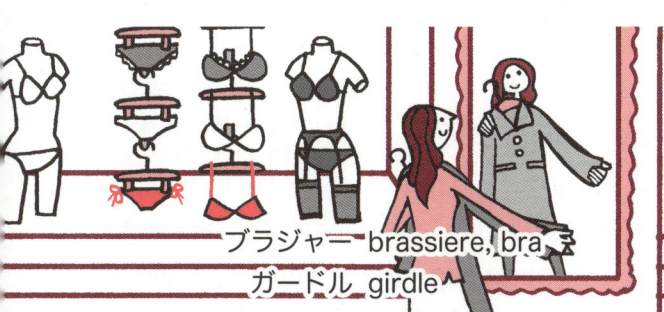

ブラジャー brassiere, bra
ガードル girdle
キャミソール camisole, cami
パンティストッキング pantyhose
スリップ slip

ジャケット jacket
コート coat

ピアス pierced earrings
宝石 jewelry
イヤリング earrings
腕時計 watch
サングラス sunglasses
ネックレス necklace
ブレスレット bracelet

ズボン pants
ジーンズ jeans
チノパン chinos
ショートパンツ shorts

ワンピース dress

ブラウス blouse
シャツ shirt

Scene 25 夕食の買い物
〈買い物に関する表現〉

1 何度も聴いて、一緒に言ってみよう

track73　track74　track75
ノーマル　2倍速　3倍速

I bought on impulse after all. I was taken in by that salesperson. Oh, well, I've been wanting something like this, anyway. I'll just spend less on food this month. Anyway, I'll go buy some groceries. First, I'll go to the produce section. Oh, bananas are sold out. Too bad. I wanted to eat some. Cabbage is expensive, too. I won't be able to use up a whole one, anyway, so I'll buy this half one. And where's the milk? Ah, there. I'll pick the one with the latest expiration date. What should I eat for dinner tonight? Oh, sashimi is on sale. I'll get some. Is this about everything I need? Wow! The cash register line is really busy. I'll get in the shortest line. Oh, I got an email. It's an invitation for dinner from Eita. What should I do? I don't really have any plans next Sunday, so I'll reply okay.

[Words & Phrases]

- on impulse：衝動的に
- be taken in by ~：~にだまされる、~の術中に陥る
- spend：（お金を）使う
- groceries：食料品
- produce section：（スーパーなどでの）果物・野菜コーナー
- be able to －：－できる
- use up ~：~を使い切る

- latest：最も遅い
- expiration date：賞味期限
- cash register：レジ
- busy：混んでいる
- get in ~：~に入る、加わる
- invitation：招待

2　訳（状況をイメージしよう）

結局、衝動買いしちゃったわ。あそこの店員さん、私をのせるのがうまいのよね。まぁ、いいわ。前からこういうのもほしかったし。その代わり、今月の食費は節約しなくちゃ。まあ、とにかく、食料品の買出しに行こう。まずは果物と野菜のコーナーに行こう。あぁ、バナナが売り切れてる。残念。食べたかったのに。キャベツも高いわね。どうせ丸ごと一つは使い切れないから、この半分のにしよう。それから牛乳はどこかな？　あ、あった。賞味期限が一番長いものを選ぼう。今日の夕食は何にしようかな？　あっ、お刺身が値下げしてる。これにしよう。これで必要なものは全部そろったかな？うわっ！レジがすごく混んでる。一番列の短いところに並ぼう。あっ、メールだわ。英太くんからのお食事のお誘いだ。どうしようかな？来週の日曜日なら特に予定が入ってないからOKって返事しとこう。

3　この表現をおぼえよう

Oh, well.
〈Oh, well.〉は「まあいいか」という意味ですが、同じようなものに、What the heck. や What the hell. や Shoot. などがあります。

I'll go buy some groceries.
〈go −〉は、「−しに行く」という意味です。

Sashimi is on sale.
　on sale は「安売りで、特価で」という意味であり、for sale は「売り物で、売りに出ている」という意味です。

4 関連表現

1. There's not much in the fridge. I need to go grocery shopping.
   冷蔵庫に大したものがないわ。食料品を買いに行かなくちゃ。
2. I should probably make a list of everything I need.
   必要なものをすべてリストにしておいたほうがいいわね。
3. There were a bunch of coupons in today's paper.
   今日の新聞にクーポン券がたくさんついていたわよね。
4. There were some great prices on meat.
   肉の特売をやっていたわよ。
5. I wonder if I should get beef or pork.
   牛肉にしようかなあ、豚肉にしようかなあ。
6. I guess I could get both and put some in the freezer.
   両方買って一部は冷凍庫に入れておこう。
7. I'd like to stock up on snacks and drinks.
   お菓子とドリンクの買いだめをしておきたいわ。
8. I'm gonna need some spices, too.
   香辛料も買わなくちゃ。
9. I ran out of sugar.
   砂糖を切らしちゃった。
10. I still have a little butter left, but I probably should get some more.
    バターはまだ少し残っているけど、もっと買っておこう。
11. Let me check the recipe for tonight's dinner.
    今日の夕食のレシピをチェックしてみよう。
12. It's a good thing I checked, or I might have forgotten to get some ginger root.
    チェックしてよかった。ショウガを買うのを忘れるところだったわ。

イラストを見ながら、つぶやいてみよう

魚　fish
魚介類　seafood

白菜　chinese cabbage
ピーマン　green pepper
ブロッコリー　broccoli
ほうれん草　spinach
マッシュルーム　mushroom
もやし　bean sprouts
レタス　lettuce
レンコン　lotus root

肉　meat
牛肉　beef
豚肉　pork
羊の肉　mutton, 子羊の肉：lamb
馬肉　horse meat
鹿の肉　venison
鶏肉　chicken / fowl / poultry
七面鳥の肉　turkey

青ネギ	green onoin
アスパラガス	asparagus
えのき	enoki mushroom
オクラ	okra

じゃがいも	potato	かぶ	turnip
しょうが	ginger	かぼちゃ	pumpkin
にんにく	garlic	カリフラワー	cauliflower
たけのこ	bamboo shoot	キャベツ	cabbage
タマネギ	onion	きゅうり	cucumber
唐辛子	chili pepper	ごぼう	burdock
とうもろこし	corn	さつまいも	sweet potato
トマト	tomato	さといも	taro
長ネギ	leeks	しいたけ	shiitake mushroom
なす	eggplant		
ニンジン	carrot		
大根	Japanese white radish		

Scene 26 デートの日の朝
〈恋愛に関する表現〉

1 何度も聴いて、一緒に言ってみよう

track76 track77 track78
ノーマル 2倍速 3倍速

I'm going on a date today. She probably isn't thinking that way, though. But this is a huge step for me. I went to a salon just for this day, and I bought new clothes, too. It's important to look clean, so I'll shave well. My underclothes are all new, too. Am I thinking too much? Well, that's okay. I'll try not to wear too much cologne. So, I'll double-check today's plan. I'll pick her up at Kameari station at 3pm, and then we'll drive to Odaiba. We'll talk about what's been happening with our lives as we drink tea in the café's open terrace overlooking the ocean. At this time, I'll get our conversation going with our old-time stories. Then I'll casually ask if she's going out with someone now. Even if she is, I won't back down. I made a reservation at 6 for the restaurant with the view of the Rainbow Bridge, so we'll leave the cafeteria at 10 minutes till. At the end, I'll drive her home while enjoying the night view of Odaiba. Wow, I'm getting nervous. I hope it goes well.

[Words & Phrases]

☐ that way：そのように
☐ step：一歩
☐ shave：髭をそる
☐ think too much：考えすぎる

- [ ] wear cologne：香水をつける
- [ ] pick ~ up：〜を車で迎えに行く
- [ ] drive to ~：〜までドライブする
- [ ] overlook：見渡す、見渡せる
- [ ] back down：引き下がる、後退する
- [ ] drive ~ home：〜を車で家に送っていく
- [ ] go well：うまくいく、成功する

2 訳（状況をイメージしよう）

今日はデートだ。向こうはそう思っていないかもしれないけど。でも僕にとっては大いなる第一歩だな。この日のために美容院に行ったし、新しい服も買ったし。清潔感が大事だからヒゲはしっかり剃っておこう。下着も全部新しいのにした。ちょっと考えすぎかな？　まぁいいや。香水はつけすぎないようにしよう。さて、今日の予定を確認だ。午後3時に亀有の駅に迎えに行く。それから車でお台場に行く。海の見えるカフェのオープンテラスでお茶を飲みながら、お互いの近況について話をする。このときは、昔の懐かしい話をして盛り上げなきゃ。それとさりげなく、今付き合っている人がいるか聞く。そして、もし彼氏がいたとしてもめげない。6時にレインボーブリッジの見えるレストランを予約しているから、10分前には店を出よう。最後にお台場の夜景を楽しみながら車で彼女を送る。うわぁ、なんか緊張してきたなあ。うまくいくといいけど。

3 この表現をおぼえよう

I'm going on a date today.
　この現在進行形は、近い未来についての、ほぼ確定的な動作を表しています。代わりに will を用いて will go とすると、「今日こそデートにいくぞ」という、どちらかというと意志を表すニュアンスが強くなります。

I'll get our conversation going with our old-time stories.
　〈get ~ －ing〉は、基本的には「~がーしている状態を得る」ということですが、使役の意味で用いられるため、「~をーさせる」と訳します。

4 関連表現

1. I wonder if she'd go out with me if I asked her.
   彼女を誘ったら、僕と一緒にデートしてくれるかなあ。
2. I think I'll ask her if she wants to take in a movie sometime.
   今度映画を見たいかどうか、彼女に聞いてみよう。
3. I'd really like to get together with her for dinner.
   彼女と一緒に夕食に行ってみたいなあ。
4. I'm in heaven now, imagining us in each other's arms.
   お互いに抱き合っているところを想像して、うれしくなっちゃう。
5. I can see us dancing the night away.
   僕たちが夜通し踊っているのを想像しちゃう。
6. I think I'll buy her some flowers.
   彼女に花を買っていこう。
7. Maybe we could watch the sunset from the park along the beach.
   もしかしたら海沿いの公園から太陽が沈むのを見られるかも。
8. I wonder if she'd appreciate something like ballroom dancing.
   彼女は社交ダンスとかは好きかなあ。
9. But who knows, she may be the type that likes a rock concert or a disco.
   でも意外と彼女はロックコンサートやディスコが好きなタイプだったりして。
10. Maybe she'd just like to spend a romantic evening at home cuddling up by the fireplace.
    彼女はただ暖炉のそばで寄り添いながらロマチックな夜をすごしたいのかも。

> イラストを見ながら、つぶやいてみよう

I wonder if she's seeing anyone these days.
彼女、今付き合ってる人いるのかな？

We were made for each other.
僕たちにはもともと縁があったんだよ。

I think I have a crush on her.
彼女のこと好きになっちゃったみたい。

She's the best.
彼女は最高だ。

I'm absolutely crazy about her.
僕は彼女に夢中だ。

Would you like to go out with me?
私と付き合ってくれる？

Are you married? 結婚してるの？

I think I'm in love.
私恋してるみたい。

He seems really cool.
彼ってかっこいい。

こんな気持ちになったのは初めて。
I've never felt this way before.

Scene 27 待ち合わせ
〈異性に対する気持ちの表現〉

1 何度も聴いて、一緒に言ってみよう

track79 track80 track81
ノーマル 2倍速 3倍速

The meeting place should be in front of the "Kochi-Kame" statue at the south exit of Kameari station. It's five minutes before. Good timing. Knowing him, I thought he would be here waiting by now, but I guess he's not. Would I recognize him since I haven't seen him for five years? His hairstyle must be different, too, so he must look much more grown now. Now, would he recognize me? My hair is shorter now, and most of all, I wear makeup now. Well, a man is waving at me. Oh, wrong man. He's late. It's past our meeting time. Did he misunderstand the meeting place? He said he would be driving, so maybe he's backed up in traffic. But if so, he could've called me. I'll give him another five minutes, and then I'll call his cell phone. Oh! A man is running this way at full speed. That must be Eita.

[Words & Phrases]

☐ meeting place：待ち合わせ場所
☐ in front of ~：~の前で
☐ statue：像
☐ recognize：わかる、判別する
☐ most of all：何よりも
☐ wear makeup：化粧している
☐ wave at ~：~に手を振る

□ late：遅い、遅刻の
□ past ~：~をすぎて
□ misunderstand：間違える、誤解する
□ be backed up in traffic：渋滞にはまる
□ at full speed：フルスピードで、全力で
□ must be ~：~に違いない

2 訳（状況をイメージしよう）

待ち合わせは亀有駅南口の"こち亀"の銅像の前でいいのよね。時間は5分前か。ちょうどいい時間ね。彼のことだから、すでに来て待ってると思ったけど、まだみたいね。でも5年ぶりだから、彼のことわかるかしら？　髪形も変わってるだろうし、あの頃からはだいぶ大人になってるんだろうな。それに彼も私のことわかるかな？　私もあの頃より髪をショートにしてるし、何より今は化粧もしてるしね。あれ、男の人がこっちに向かって手を振ってる。なんだ、違う人か。遅いなあ。待ち合わせの時間を過ぎてるわ。彼、場所を間違えたのかしら？　車で来るって言っていたから、道が渋滞しているのかも。でも、そうならば、連絡くらいくれてもいいのに。あと5分待ってもし来なかったら、彼のケイタイに連絡を入れてみよう。あっ！　男の人がこっちに向かって全力で走ってくる。きっとあれが英太君ね。

3 この表現をおぼえよう

Would I recognize him since I haven't seen him for five years?
　この recognize は「〜だと分かる」という意味です。
〈have p.p.〉は現在完了ですが、完了形は、ある一時点の動作・状態を表すのではなく、時間の幅がある中での、動作・状態の完了、経験、継続、結果を表す形です。

I wear makeup now.
　wear は「着る」というよりは「身に付ける」という意味で、服だけではなく、靴、アクセサリー、化粧、香水、髪、ひげ等、様々なものを目的語として取ることができます。

4 関連表現

1. We're not seeing each other any more.
   私たちはもうつきあってないの。
2. I wonder if we'll ever get back together.
   私たち、よりを戻せないかなあ。
3. A guy like him is hard to find.
   彼のようないい人はあまりいないわ。
4. I'm afraid of being rejected.
   断られるのは嫌だなあ。
5. I don't think it's going to work out between us.
   私たちの関係がうまくいくとは思えないわ。
6. He's nice and all, but there's no chemistry.
   彼はいい人だけど、相性が合わないわ。
7. I think there's a real connection between us.
   私たちはいい関係にあると思う。
8. There was just no spark between us anymore.
   お互い、トキメキがもうなくなったの。

> イラストを見ながら、つぶやいてみよう

I wonder if she feels the same way about me.
彼女、僕と同じ気持ちかな？

I wish I hadn't said those things.
あんなこと言わなきゃよかった。

I wish I hadn't drunk so much. あんなに飲まなきゃよかった。

I was terribly nervous. すっごく緊張した。

I wonder if I made a fool of myself.
ばかなことしちゃったかな？

I can't stop thinking about her.
彼女のことしか考えられない。

I'm lost without you.
僕は彼女がいないとだめなんだ。

I'm so embarrassed! 恥ずかしい！

I was so humiliated! すごく恥かいちゃった！

I miss him so much. 彼がここにいなくてすごくさみしい。

I guess it's over now. もう終わりだ。

I'm heart-broken. 振られちゃって悲しい。

Scene 28 デートの帰り道
〈恋愛に関する表現〉

1 何度も聴いて、一緒に言ってみよう

track82　track83　track84
ノーマル　2倍速　3倍速

Wow, I had a good time today. The food was really delicious. Eita hasn't changed at all from back then—maybe a little more grown. But him being good-natured hasn't changed. It's just like him to be late because he was helping someone who got in an accident. I was going to be angry at him for being late, but I couldn't, after all, when I saw him all sweaty trying to explain. But I'm not sure if I should've let him buy such an expensive dinner for me. He insisted, "I asked you out, so I'm buying you dinner," so in this situation, I let him be a gentleman. Besides, I feel a little lucky. But I said, "Then I will pay next time." Maybe I just fell into his trap? But that wouldn't be so bad, either. My heart started racing a little when I looked at his face from the side while he was driving. Is this maybe a feeling of love?

[Words & Phrases]

- have a good time：楽しくすごす
- from back then：当時から
- good-natured：お人好しな、温厚な
- get in an accident：事故に遭う
- sweaty：汗をかいた
- try to －：－しようとする

- □ I'm not sure if S V.：S が V するかどうかわからない
- □ buy ~ dinner：～に夕食をおごる
- □ in this situation：この状況で
- □ besides：それに
- □ fall into one's trap：～のわなにはまる、術中にはまる
- □ race：（心臓が）激しく鼓動する
- □ from the side：横側から

2　訳（状況をイメージしよう）

ああ、今日は楽しかったわ。料理も本当においしかった。英太くんも昔と全然変わってなかったし。少し大人になったって感じかな。でもお人好しなのは変わってないわねえ。事故で困っている人を助けてて待ち合わせに遅れるなんて彼らしい。来たら遅れたことを怒ってやろうと思ってたのに、汗をかきながら必死で説明する彼を見たら、結局怒れなかった。でもあんなに高いディナーをおごらせちゃってよかったのかしら。「僕が誘ったんだから僕が払う」って言って聞かなかったし、こういう場合は男性を立てたほうがいいのよね。それにちょっと得した気分。でも、私も「じゃあ、次は私が払うね」って言っちゃった。もしかすると、まんまと彼の術中にはまっちゃったのかしら？　でもそれも悪くないわ。助手席から運転する彼の横顔を見てたら、少しドキッとしちゃった。もしかして、これって恋の予感？

3　この表現をおぼえよう

Him being good-natured hasn't changed.
　being は動名詞で、「～であること」ということですが、「…が～であること」のように、動名詞 being にその意味上の主語を加える場合は、直前に代名詞の所有格、または目的格を置きます。

I'm buying you dinner.
　〈buy ~ dinner〉は「～に夕食をおごる」という意味ですが、同様の表現として、Dinner's on me. や It's my treat. や I'll pick up the tab. などがあります。また、実際の場面では、単に I'm buying. と言うことも可能です。

4 関連表現

1. He may be one of the most thoughtful people I know.
   彼は私の知っている中で一番親切な人の一人かもしれない。
2. He's too sensitive--always getting his feelings hurt.
   彼は神経質的すぎてすぐに傷ついちゃうの。
3. What a romantic guy bringing me flowers for no reason at all!
   理由もなく私に花を持ってきてくれるなんて、なんてロマンチックな人なんでしょう！
4. I can't believe how impractical he is.
   彼は何て役立たずなんだろう。
5. That was pretty cruel of him!
   彼ってすごくひどかったの！
6. He was very sensitive about his bald head.
   彼は自分の髪が薄いことをとても気にしていたわね。
7. Don't be so modest. It's terrific!
   そんなに謙遜しなくていいわよ。すごくいいわ！
8. He has an amazing smile that will knock your socks off!
   彼のすてきな笑顔にはイチコロよ！
9. He has a stocky build with muscular arms and shoulders.
   彼は腕と肩がたくましくて、がっしりしているわね。

イラストを見ながら、つぶやいてみよう

中年 middle-aged

親切な、思いやりのある thoughtful

だらしない、小汚い messy, scruffy
汚い dirty

がっしりした stocky
たくましい muscular

ほっそりした slim

ぽっちゃりとした plump

えくぼ dimples
そばかす freckles
敏感な、神経質な sensitive
礼儀正しい polite
残酷な、ひどい cruel
笑顔 smile
ロマンチックな romantic
役に立たない impractical

Scene 29 ドライブ
〈車の運転に関する表現〉

1 何度も聴いて、一緒に言ってみよう

track85　track86　track87
ノーマル　2倍速　3倍速

It's my second date with Aoi today. I was late for our meeting last time, so I'll leave a little early so that I definitely won't be late this time. I'll start the engine, put in her address on the navigation system, fasten the seatbelt and off I go! At the crosswalk with no signal, I'll check right, left, and right again to make sure it's safe to go, and move on slowly. The street merges into the bigger road here, but it's hard to merge when the road is so busy. Oh, he stopped for me. I'll show my thanks by flicking my hazard lights. I'll fill up the tank at the gas station on the way, and I might as well get my car washed and vacuumed inside. They monitor this road often, so I'll be careful with my speed and lane changes. I guess I'm supposed to turn right at this light. I'll turn my blinker on and merge into the right lane. Oh, it must be that condo building. Are there any parking spots? I'll park on the right side of the street before the crosswalk for now.

[Words & Phrases]

☐ start an engine：エンジンをかける
☐ navigation system：ナビゲーション・システム
☐ fasten a seatbelt：シートベルトを締める
☐ Off I go!：「出発！」（188ページの解説参照）

- □ move：動く
- □ merge into ~：〜に合流する
- □ flick one's hazard lights：ハザードランプをつける
- □ monitor：監視する
- □ be careful with ~：〜に注意する
- □ blinker：ウィンカー
- □ condo：分譲マンション

2　訳（状況をイメージしよう）

今日は葵ちゃんとの2回目のデートだ。前回は待ち合わせに遅れたから、今回は絶対遅れないように早めに出よう。エンジンをかけて、ナビゲーションシステムに彼女の家の住所を登録して、シートベルトをしめて出発！　信号のない交差点は右を見て左を見て、さらに右の安全を確認してから徐行しながら進む。ここで大きい道に合流するんだけど、道が込んでるときはなかなか入れないんだよな。あっ、止まってくれた。ハザードランプを点滅させてお礼の合図を送ろう。途中のガソリンスタンドでガソリンを満タンにして、ついでに洗車と車内の掃除もしてもらおう。この道はよく検問をしてるから、スピードの出しすぎと斜線変更には気をつけよう。この信号を右折か。ウインカーを出して右斜線に入る。あっ、きっとあのマンションだ。止めるところはあるかな？　とりあえず、交差点の手前のところで右に寄せて停車しよう。

3　この表現をおぼえよう

I'll leave a little early so that I definitely won't be late this time.
　〈so that S will V〉は、「S が V するように」という意味です。

Off I go!
　Off I go! は、I go off. の off が前に出た倒置文ですが、「さあ、行くぞ」という意味では、常に Off I go! の語順で用いられます。I go off. と言うと、「怒りを爆発させる」という意味になります。

I might as well get my car washed.
　might as well は should よりも緊急性がやや低い感じです。

4 関連表現

1. Whoa! I almost turned the wrong way onto a one-way street.
   うわっ、危うく道を間違えて一方通行の道に曲がっちゃうところだった。
2. I wish this guy would get out of the fast lane.
   あの人が追い越し車線から出てくれればいいのに。
3. Would you mind being my navigator?
   私のナビをやってもらっていいですか？
4. I think I'm going to need a service area soon.
   そろそろサービスエリアに入りたいなあ。
5. Wow! The highway is wide open today!
   わー、今日は道路がガラガラだ！
6. Oh no! The exit ramp that I usually take is closed!
   なんてことだ！　いつも使っている出口ランプが閉まっている！
7. I guess I'm going to have to take the detour route.
   う回路を使わなければならないなあ。
8. Man, there's lots of cops on this highway today!
   ああ、今日は道路に警官がたくさんいる！
9. I guess I better not speed, or I'll get a ticket.
   スピードを出しすぎないようにしないと、違反チケットを切られちゃうぞ。
10. I wonder what kind of mileage this car gets.
    この車の燃費はどのくらいだろう。
11. He must be a drunk driver!
    彼は酔っ払い運転に違いない！

イラストを見ながら、つぶやいてみよう

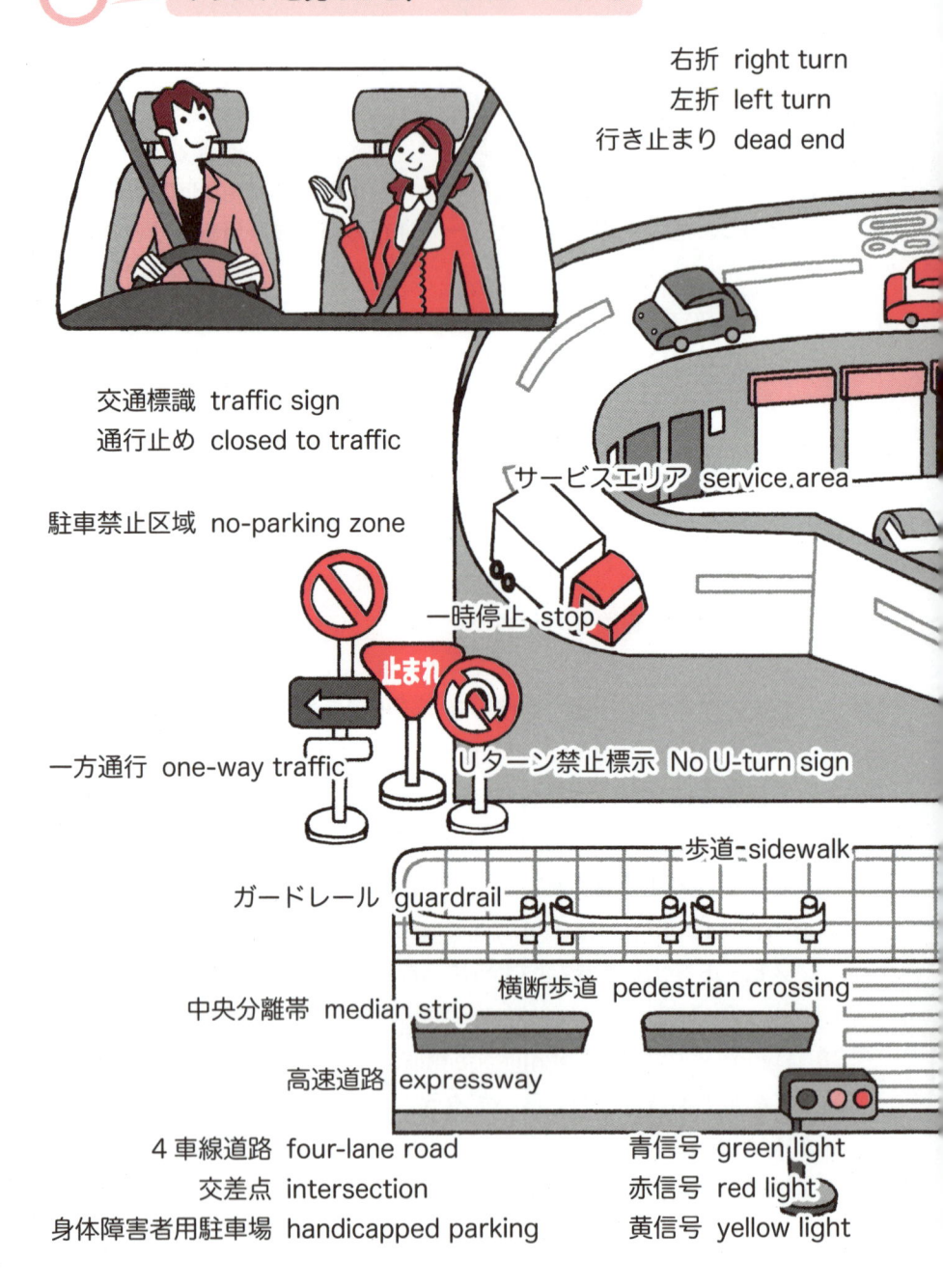

右折 right turn
左折 left turn
行き止まり dead end

交通標識 traffic sign
通行止め closed to traffic

駐車禁止区域 no-parking zone

サービスエリア service area

一時停止 stop

一方通行 one-way traffic

Uターン禁止標示 No U-turn sign

歩道 sidewalk

ガードレール guardrail

中央分離帯 median strip

横断歩道 pedestrian crossing

高速道路 expressway

4車線道路 four-lane road
交差点 intersection
身体障害者用駐車場 handicapped parking

青信号 green light
赤信号 red light
黄信号 yellow light

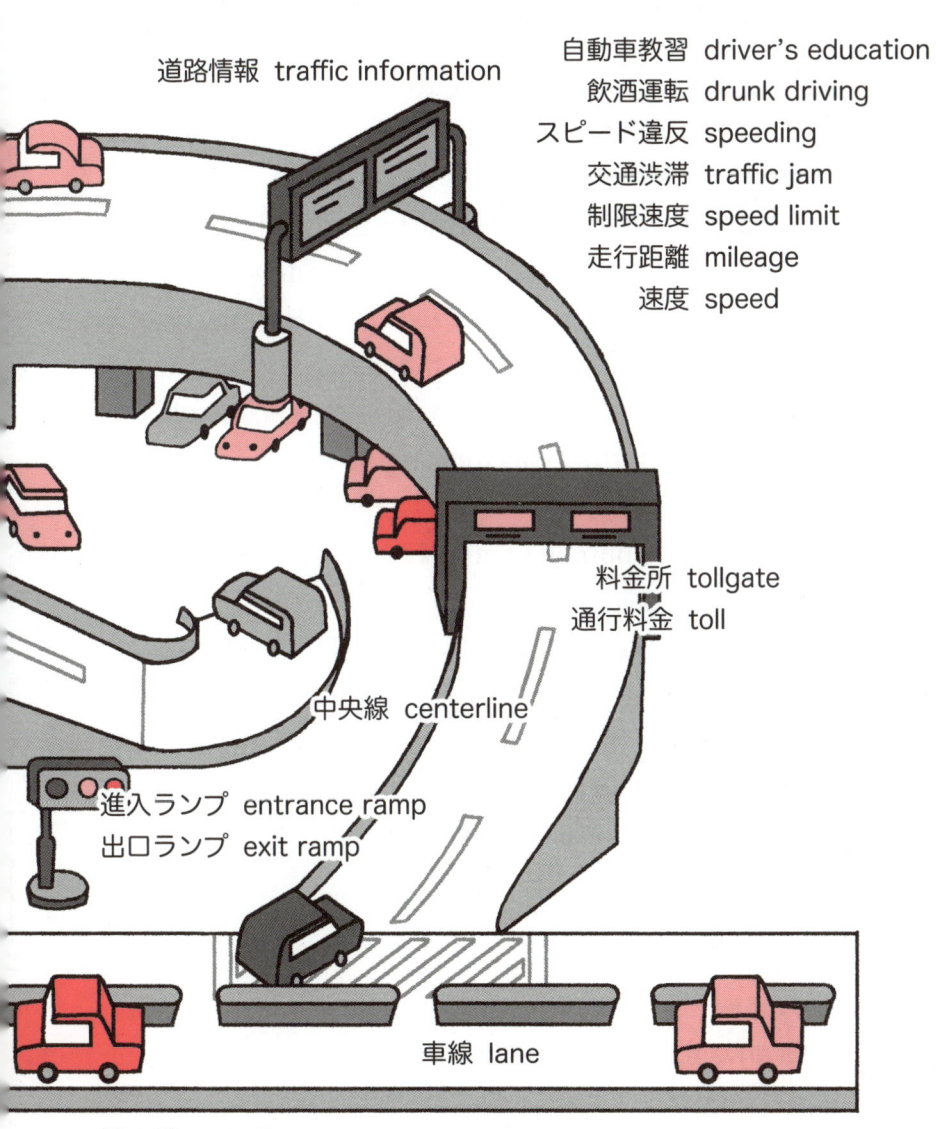

道路情報　traffic information
自動車教習　driver's education
飲酒運転　drunk driving
スピード違反　speeding
交通渋滞　traffic jam
制限速度　speed limit
走行距離　mileage
速度　speed
料金所　tollgate
通行料金　toll
中央線　centerline
進入ランプ　entrance ramp
出口ランプ　exit ramp
車線　lane
停止線　stop line

Scene 30 日記を書く
〈一日の感想を表す表現〉

1 何度も聴いて、一緒に言ってみよう

track88 track89 track90
ノーマル 2倍速 3倍速

Sunday, November 16th, cloudy, then sunny later
It was a good day again today. I finished my chores in the morning, like cleaning and laundry, and I saw Eita in the afternoon. As he suggested, we went for a drive to Hakone. It took quite a while to get there because of the traffic jam, but the fall colors were so beautiful. On the way back in the car, he told me that he loved me. Honestly, I was thinking he might. I didn't tell him, but I've been really interested in him ever since high school. So I was very happy. I could've told him my feelings right then, but I just said "Wow, I don't know what to say," like most girls do. When I saw his face looking a little sad, I regretted this a little. So, when I got his email letting me know that he got home, I called him on the phone myself and let him know my feelings. I felt so happy when I heard his happy voice. Eita, please keep loving me like this. Good night, Eita.

[Words & Phrases]

□ chores：家事
□ go for a drive to ~：~までドライブに行く
□ It takes ~ to －.：－するのに~だけ時間がかかる
□ because of ~：~のために
□ honestly：正直言って

- be interested in ~：~に興味がある
- ever since ~：~以来ずっと
- right then：そのときすぐに
- what to say：なんと言うべきか
- like S V：S が V するように
- keep loving：愛し続ける

2 訳（状況をイメージしよう）

11月16日（日）曇りのち晴
今日もいい一日だった。午前中に掃除や洗濯など家の用事を済ませて、午後は英太君と会った。彼の提案で、箱根までドライブした。車が渋滞して、着くまでかなり時間はかかったけど、紅葉がとてもきれいだった。そして帰りの車の中で彼に告白された。正直なところ、そんな予感はあった。彼には言わなかったけど、高校の頃から彼はすごく気になる存在だった。だから、とてもうれしかった。その場ですぐに返事をしてもよかったんだけど、ここは女の子らしく「わーっ、少し考えさせて」と言っておいた。そのとき彼の少し寂しそうな表情を見て、少しだけ後悔した。だから、彼から家に着いた報告のメールが届いたときに、私の方から電話をして自分の気持ちを伝えた。彼の喜びの声を聞いて、とても幸せな気持ちになった。英太君、これからも私を大事にしてね。おやすみ。

3 この表現をおぼえよう

It took quite a while **to** get there.
〈It takes ~ to －.〉で、「－するのに~がかかる [必要である]」という意味になります。~には「金額」、「時間」、「人」などが入ります。takes の代わりに cost を使うと、~には「金額」が入り、requires を使うと、「努力」、「我慢」といった類の言葉も入ります。

I **could've told** him my feelings right then.
〈could have p.p.〉は、「－することもできた（しかし、そうしなかった）、－した可能性もあった」という意味で、ここでは、「彼に自分の気持ちを言うこともできたが、実際には言わなかった」ということです。

4 関連表現

1. What an eventful day!
   今日はいろんなことがあったなあ！
2. What impressed me most today was...
   今日一番感動したことは・・・だった。
3. What worried me most today was...
   今日一番心配だったのは・・・だった。
4. My goal today was accomplished.
   私の今日の目標は達成された。
5. I met the man of my dreams today.
   今日理想の男性に会った。
6. Everything went so smoothly today.
   今日はあらゆることがスムーズに運んだ。
7. It couldn't have been a better day!
   今日は最高の日だった！
8. Today, I learned a lesson that I will never forget.
   今日、決して忘れることのない教訓を得た。
9. It's all I can do just to sit down and write this.
   座ってこれを書くのが今の私にはやっとだ。
10. I just want to curl up into a ball and cry.
    ただうずくまって泣きたい気分。
11. Whoever reads this probably won't believe a thing I write.
    誰が読もうと私の書いたことを信じる人はいないだろう。
12. Today was a typical day, totally predictable and uneventful.
    今日は普段と同じで、全てが予定通りで何事もなかった。

◆ **あとがき** ◆

　一口に英語力といっても、様々な英語力があります。では、どのような英語力を身に付けたら、それを活用する機会が一番多いのでしょうか？　ということを考えると、やはりそれは、日常生活の中で自己表現する、さらにはその表現を使って他者とコミュニケートする英語力ということになると思います。その力があれば、一日中英語で生活できるのです。ネイティブとも普通に会話できるのです。

　そのような英語力を養成するのには、本書がぴったりです。この１冊の中に、有益な表現が山ほど詰め込まれています。読者のみなさんは、決してそれらを勉強しようなどとは考えないでください。ただひたすら「葵」と「英太」になり切って、楽しみながら演じてください。結果は自然についてきます。似たような場面で、自然にその場にふさわしい英語が口をついて出てきます。それこそが、英語を身に付けたということなのです。どうぞ、気楽に、そして気長に本書とお付き合いください。

　読者のみなさんをはじめとして、本書に関わってくださったすべての方々に、心より感謝いたします。

（登内和夫）

If you're reading this book, uh, it's probably safe to assume that you want to improve your English. You probably want to learn some casual, every-day English—maybe English to use at work or perhaps when you're on a date. Whatever the case may be, you probably want to be able to speak fluently. That's all good, but please remember that the word fluently does not mean perfectly. And remember that native English speakers make mistakes all the time—in both speaking and writing. We usually don't speak in super-long sentences, either. We switch thoughts in mid-sentence, use incomplete sentences, and use improper grammar (That's a fact!). We add, um, various filler words that mean absolutely nothing, and we repeat words while...while thinking of what to say next. So, read this book with a light heart, and if you find any mistakes, remember, nobody's perfect! The most important thing is to have fun!

(Vincent Marx)

◆著者紹介◆

登内和夫（とのうち・かずお）
埼玉県川口市生まれ。慶應義塾大学卒。42歳で初挑戦したTOEICテストで満点の990点を獲得。豊富な英語指導経験を活かしながら、楽しみながら英語力がつく英語学習書の作成をモットーに、精力的に執筆を手がけている。
著書に『超右脳つぶやき英語トレーニング』（共著）、『超右脳おしゃべり英語リスニング』（共著）、『超右脳語りかけ英語トレーニング』（共著）、『超右脳TOEICテスト入門』（共著）、『超右脳つぶやき英語トレーニング留学編』（共著）、『A Wonderful Thing』（監修）、『英語の本質を楽しく身につけるトレーニングブック』（共著）、『超右脳高速「英単語」記憶トレーニング』（共著）、『ジェフさんの歌で学ぶ今日から使える英語表現400』（共著）、（以上、すべて総合法令出版）など多数。

Vincent Marx（ヴィンセント・マークス）
アメリカ・ワシントン州生まれ。同州セント・マーティン大学英文科卒。ウォールデン大学教育学修士号取得。英語指導助手として3年間日本に滞在。その後教師としてシアトルの高校に勤務。現在は再び来日し、日本人の英語力強化のため、書籍の執筆・翻訳などに力を入れて活動している。
著書に『A Wonderful Thing』、『英語の本質を楽しく身につけるトレーニングブック』（共著）、『超右脳TOEIC入門』（共著、すべて総合法令出版）。

◆執筆協力者紹介◆

Emiko Marx（恵美子・マークス）
東京都生まれ。慶応義塾大学文学部在学中に、シアトルのワシントン大学に編入。同大学社会学科卒。『A Wonderful Thing』の翻訳を手がけた。

視覚障害その他の理由で活字のままでこの本を利用出来ない人のために、営利を目的とする場合を除き「録音図書」「点字図書」「拡大図書」等の製作をすることを認めます。その際は著作権者、または、出版社までご連絡ください。

超速つぶやき英語トレーニング

2009年3月12日　　初版発行
2010年1月14日　　2刷発行

著　者　　登内和夫＋ヴィンセント・マークス
発行者　　野村直克
発行所　　総合法令出版株式会社
　　　　　〒107-0052　東京都港区赤坂1-9-15
　　　　　日本自転車会館2号館7階
　　　　　電話　03-3584-9821（代）
　　　　　振替　00140-0-69059
印刷・製本　　中央精版印刷株式会社

ISBN978-4-86280-131-9
Ⓒ Kazuo Tonouchi, Vincent Marx 2009
Printed in Japan
乱丁・落丁本はお取り替えいたします。
総合法令出版ホームページ　　http://www.horei.com

総合法令出版の好評既刊

七田式超右脳英語ドリル

七田 眞 著

一日30分のドリルを行うことで、6カ月で英語がしゃべれるようになる本。英文テキストは、『桃太郎』や『かぐや姫』などの日本昔ばなし5編を英訳したものを採用。また付属のCDには、英文のノーマル、2倍速、3倍速の音声が収録されている。大人はもちろん、親子がいっしょに使っても効果的。

定価 1995 円

A Wonderful Thing

ヴィンセント・マークス 著　アイリーン・ウッド イラスト
恵美子・マークス 訳　登内和夫 監修

英語習得のための仕掛けをストーリーの中に意図的にちりばめたテキスト。付属のCDをくり返し聴き、暗唱することで、頭の中にまったく新しい語学回路が開くことができる。CDにはナレーション・バージョン、ラップ・バージョン、ドラマ・バージョンを収録。

定価 1680 円

英語の本質を楽しく身につけるトレーニングブック

ヴィンセント・マークス＋登内和夫 著

アメリカ言語学者による、ノンネイティブのための最も優れた英語教材。英語を身につけるために最も重要な独特の「リズム」「韻」そして「文化」が楽しく学べる。様々な課題が収録されている付属CDにそって学習を進めていけば、確実にリズムと韻が身に付き、リスニング力、スピーキング力の増強につながっていく。

定価 1680 円